PROHIBIDO QUEJARSE

Jon Gordon

Prohibido quejarse

Una historia para dar energía
a los equipos de trabajo

EMPRESA ACTIVA
Argentina - Chile - Colombia - España
Estados Unidos - México - Uruguay - Venezuela

Título original: *The No Complaining Rule*
Editor original: John Wiley & Sons, Inc., New Jersey
Traducción: Federico Villegas Silva Lezama

Reservados todos los derechos. Queda rigurosamente prohibida, sin la autorización escrita de los titulares del *copyright*, bajo las sanciones establecidas en las leyes, la reproducción parcial o total de esta obra por cualquier medio o procedimiento, incluidos la reprografía y el tratamiento informático, así como la distribución de ejemplares mediante alquiler o préstamo públicos.

© 2008 *by* Jon Gordon
All Rights Reserved
This translation published under license
© de la traducción 2009 *by* Federico Villegas Silva Lezama
© 2009 *by* Ediciones Urano, S.A.
Aribau, 142, pral. - 08036 Barcelona
www.empresaactiva.com
www.edicionesurano.com

ISBN: 978-84-92452-18-7
Depósito legal: B - 23.984 - 2009

Fotocomposición: Ediciones Urano, S.A.
Impreso por Romanyà Valls, S.A. - Verdaguer, 1 - 08786 Capellades (Barcelona)

Impreso en España - *Printed in Spain*

A Jade y Cole

Recordad siempre escoger el camino positivo

Índice

Agradecimientos 11
Nota del autor 13
Introducción 15

1. Hope 21
2. Baterías quemadas 23
3. La moral 27
4. La llamada telefónica 31
5. El problema real 35
6. El tráfico 37
7. La conversación 41
8. El coste del negativismo 45
9. Podría ser peor 49
10. El cáncer 53
11. El camino positivo 59
12. La Abstinencia de quejas 63
13. Las tres Herramientas para no quejarse 67
14. Ninguna noticia es una buena noticia 69

15. Fundamentos de la prosperidad 71
16. Los *bloggers* 75
17. El jardinero. 79
18. Viernes 81
19. La reunión 85
20. Los principios positivos 87
21. Preguntas 95
22. Más tráfico.............................. 99
23. Domingo 101
24. Lunes 103
25. Hope comparte la regla de Prohibido quejarse .. 105
26. La aplicación 111
27. Jugar para ganar......................... 113
28. Hope recibe la noticia.................... 115
29. Seis meses más tarde..................... 117
30. Todo está bien 121
31. La regla de Prohibido quejarse: Plan de acción .. 127

Plan de acción personal para una Semana
   sin quejas 135
Evaluación: ¿Es usted un quejica? 139

Agradecimientos

Este libro jamás habría sido escrito si no hubiera sido por Dwight Cooper, el consejero delegado de PPR, que me contó lo que había logrado en su compañía con la regla de Prohibido quejarse y el efecto positivo que había tenido en su cultura. *Prohibido quejarse* se basa en el compromiso y la dedicación de Dwight en la creación de una compañía positiva donde sus empleados generan éxito y disfrutan de su trabajo. Gracias, Dwight.

También quiero dar las gracias a mi mujer, Kathryn, que me inspiró a escoger el camino positivo en la vida; y a mis abuelos maternos, Martin y Janice, cuyos nombres he transmitido a mis hijos. Gracias por todo vuestro amor.

Estoy en deuda con mis padres por el gran regalo que siempre me han hecho: su amor. Te echo de menos, madre, pero sé que tu espíritu está conmigo.

Agradezco a mi agente, Daniel Decker, su apoyo en este proyecto desde el principio y su ayuda para convertirlo en un éxito.

Gracias a mi editor, Matt Holt, y a Kim Dayman, Jessica Campilango y el maravilloso equipo de John Wiley & Sons por hacer posible este libro.

Asimismo, deseo expresar mi gratitud a los otros miembros de mi equipo que trabajaron con empeño y jamás se quejaron: Jim Van Allan, Cathy Garwood, Brooke Trabert y Amy Walter. Y a todos los clientes que me permitieron trabajar con sus compañías, organizaciones, equipos y empleados. Cada día doy las gracias por haber podido trabajar con personas tan maravillosas.

No puedo dejar de mencionar a los socios de Northwestern Mutual que apoyaron nuestra No Complaining Tour en beneficio del cáncer pediátrico. Gracias a Tim Bohannon, Tait Cruse, Matt Russo, John Wright, Bob Waltos, Joey Davenport, Harry Hoopis, Scott Theodore y John Goodwin.

Qusiera agradecer especialmente a Ken Blanchard su constante apoyo a mi trabajo. Ken, has desempeñado un papel muy importante en mi vida, tanto en el ámbito profesional como espiritual. Tienes el corazón más puro que conozco y me siento honrado de haberte conocido.

Pero, sobre todo, quisiera expresar mi gratitud al creador original de la regla de Prohibido quejarse, Dios. Gracias por la inspiración que me has dado para escribir este libro. El mérito es tuyo.

Nota del autor

La idea de este libro provino de Dwight Cooper, el consejero delegado de PPR, una compañía de servicios médicos. Cooper me habló de la Política contra las quejas, que había aplicado en su empresa y del efecto positivo que estaba teniendo. Algunas semanas después de haber oído su historia, estaba en un cine cuando, repentinamente, se me ocurrió la idea de escribir este libro. Con mi BlackBerry envié un correo electrónico a mi editor, Matt Hold, para comentarle mi idea y él dijo, «Llevémosla a cabo». Al día siguiente, empecé a escribir el libro.

Poco después, mi agente literario, Daniel Decker, me dijo que había hecho una investigación sobre la queja y que había una página *web* llamada *A Complaint Free World* (Un mundo libre de quejas), cuyo objetivo era ayudar a las personas a eliminar las quejas de su vida. La página distribuía cintas que las personas se ponían en las muñecas para recordarles la necesidad de no quejarse. Comparto esto con el lector para que sepa que la idea del uso de la cinta en esta historia estuvo inspirada por esta página *web*, pero no la idea de este libro.

Asimismo, reconozco el mérito de John Ortberg por inspirar la historia de Snoopy/Charlie Brown que le oí compartir en uno de sus sermones.

El lector debería saber que EZ Tech es una empresa de ficción y no está basada en ninguna compañía real.

Dave Miller es un jardinero real que compartió conmigo su filosofía de crear un medio ambiente saludable para mi césped. Esto inspiró mi idea de desarrollar una cultura positiva en el trabajo.

Os agradezco que estéis leyendo este libro ¡Seguid siendo positivos!

Jon

Introducción

Yo no inventé la Regla. La descubrí en una pequeña y próspera compañía en rápido crecimiento que aplica estas sencillas prácticas con extraordinarios resultados.

Un día almorcé con un amigo y cliente, Dwight Cooper, un ex jugador y entrenador de baloncesto alto, delgado y afable, que pasó los últimos 10 años desarrollando una empresa que había cofundado y convertido en una de las principales compañías de dotación de enfermeras en el mundo. La empresa de Dwight, PPR, fue varias veces citada por la revista *Inc.* como una de las firmas en más rápido crecimiento, y además en esa época PPR se consideraba como uno de los mejores lugares para trabajar en Florida y él compartió conmigo algunas de las razones de esa preferencia.

Dwight me habló acerca de un libro que había leído y que trataba sobre los pelmazos o vampiros de energía (las personas negativistas) en el lugar de trabajo. Pero después de acabar la lectura del libro y reflexionar sobre su contenido, comprendió que, en lo que respecta al desarrollo de un ambiente de trabajo positivo y de alto rendimiento, había un problema mucho más sutil y más peligroso que los pelmazos: las quejas y las formas más sutiles de negativismo. Y él sabía que necesitaba una solución.

Dwight comparó a los pelmazos con una especie de cáncer de piel localizado. Ellos no se esconden. Se presentan ante usted y dicen: «Aquí estoy». En consecuencia, usted puede deshacerse de ellos rápida y fácilmente. Mucho más peligroso es el tipo de cáncer sutil que está dentro de su cuerpo. Crece oculto debajo de la superficie, a veces lentamente, a veces con rapidez, pero de uno u otro modo, si no se detecta, finalmente se extiende hasta el extremo que puede destruir el cuerpo. La queja y el negativismo representan ese tipo de cáncer para una organización, y Dwight había visto arruinarse a muchas compañías. Estaba resuelto a no convertirse en otra estadística y así nació la regla de Prohibido quejarse.

Yo he sido un quejica profesional

Ahora, antes de compartir la historia de cómo opera la regla de Prohibido quejarse, debo aclarar que el que haya escrito este libro no significa que yo sea una persona muy positiva o excesivamente optimista que sonríe todo el tiempo, un hombre feliz que jamás es negativo y nunca se queja. En realidad, solía ser un quejica profesional. Culpaba a todos los demás de mis problemas. No estaba satisfecho conmigo mismo, ni con mi vida. Me quejaba de mi casa, de mi falta de éxito, de mi mujer, de mi peso, del poco dinero y de casi todo lo demás. De hecho, si usted ha leído mi libro *The Energy Bus* [El autobús de la energía] —un relato imaginario acerca de un hombre que es desgraciado, negativo y al que su mujer está a punto de abandonar—, debería saber

Introducción

que el personaje estaba inspirado en mí mismo. Mis quejas y mi negativismo iban tan lejos que mi mujer me dio un ultimátum: o cambiaba o me bajaba del autobús. ¡Estaba desalentado, abatido y a punto de ser expulsado!

Lo cierto es que la queja era una parte importante de mi vida y mi educación. A menudo, digo con ironía que provengo de una larga línea de quejicas. Me crié en una familia judía-italiana muy aficionada a la comida y con sentimiento de culpa, donde el vino y la queja abundaban. Mi abuela sentía un gran amor por su familia, pero estaba llena de temores en su vida. Tenía tanto miedo de volar que decía: «Sé que cuando dicen que nos ha llegado la hora, la vida se acabó, pero no quisiera estar en un avión cuando le llegue la hora a otra persona». Y cada vez que veía a mi tía, ella solía empezar la conversación con todas las noticias negativas sobre su vida. Todavía sigo recibiendo correos electrónicos de ella que dicen: «Hola» y luego hace una lista de todos sus problemas. Incluso sus tarjetas de cumpleaños para mis hijos dicen: «Feliz cumpleaños. Ojalá no tuviera que lidiar con tantos problemas para poder disfrutar de este día contigo». Pero no culpo a mi familia. Como he dicho, vengo de una larga línea de quejicas. Después de todo, mis ancestros vagaron por el desierto durante 40 años. En un viaje que debería haber durado 11 días, ellos pasaron 40 años lamentándose. Hablamos de la ineficiencia. Pero eso es lo que producen las quejas.

Hay un pasaje en la Biblia donde Moisés libera a los israelitas de Egipto. Habían pasado casi 400 años como esclavos cautivos y ahora eran completamente libres. Al principio, se sentían dichosos y entusiasmados, pero un mes y medio después empezaron a quejarse del hambre. Se quejaban de no tener suficiente agua. Se quejaban de estar viviendo en un desierto. Incluso dijeron que sería mejor volver a Egipto como esclavos que ser libres en el desierto. Después de más de tres siglos de esclavitud, sólo necesitaron un mes y medio para empezar a lamentarse otra vez. Finalmente, Dios se sintió tan frustrado con las quejas del pueblo judío que puso bajo amenaza su propia existencia. Así Dios resultó ser el gran promotor de la Regla sin quejas. Incluso me atrevería a decir que Dios la creó. ☺

Mi mujer tampoco fue muy tolerante con las quejas. Aun cuando la lamentación estuviera incorporada en mi ADN y las circunstancias fueran desfavorables para mí, cuando ella amenazó la existencia de nuestro matrimonio no tuve otra opción que reflexionar detenidamente sobre mi vida, y comprendí que mis quejas y negativismo se estaban manifestando en todos los problemas que afrontaba en mi vida. Cada día me estaba muriendo, en lugar de vivir. Entonces coincidí plenamente con la declaración de Abraham Lincoln: «Un hombre es tan feliz como elige serlo», y empecé a investigar los efectos beneficiosos de ser positivo y los efectos perjudiciales de ser negativo. Esto me impulsó a escribir, disertar y asesorar a las empresas y organizaciones y, finalmente, a formular la regla de Prohibido quejarse.

¿Todavía me quejo? Sin duda, lo hago. Pero muchísimo menos. ¿Todavía me deprimo? Desde luego. Todos nos deprimimos, pero la clave es cómo vencer esa depresión. Cada uno de nosotros afronta el negativismo y nos encontramos con vampiros de la energía y obstáculos en el camino al éxito. Por eso, una de las cosas más importantes que podemos

Introducción

hacer en la empresa y en la vida es ser positivos con las estrategias que convierten la energía negativa en soluciones positivas. Por lo tanto, la meta de este libro no es eliminar todas las quejas, sino las lamentaciones crónicas y sin fundamento. Y la mayor meta es convertir las quejas justificadas en soluciones positivas. Después de todo, cada queja representa una oportunidad de transformar algo negativo en una acción positiva. Podemos usar las reclamaciones de un cliente para mejorar nuestro servicio. Las quejas del empleado pueden servir como un catalizador de la innovación y los nuevos procesos. Y nuestras propias quejas pueden interpretarse como señales que nos indican qué es lo que no deseamos, para que podamos concentrarnos en lo que nos apetece. De acuerdo con esta filosofía, compartiré con usted una historia acerca de la regla de Prohibido quejarse y otras maneras positivas de abordar el negativismo en el trabajo y en el hogar.

1

Hope

Era martes, y Hope llegó a la oficina con una sensación de agotamiento y dolor, exactamente como había hecho cada día del año. Pasó con la cabeza gacha delante del puesto de seguridad, se introdujo en el ascensor y se dio unas palmadas en la cara después de que la puerta se cerró. Por alguna razón, su café matinal no le había producido el acostumbrado efecto. Había llegado con retraso y, afortunadamente, esto significaba que todos se encontraban ya en el trabajo y el ascensor estaba vacío. Había padecido otra noche de insomnio, tenía la mente embotada, los ojos hinchados y, lo peor de todo..., una gran congoja.

Pensó en los diferentes caminos que podría tomar desde el ascensor hasta su oficina. «En el peor de los casos, trataré de escabullirme», pensó. Todavía no estaba dispuesta a conversar con nadie e indudablemente no quería que nadie la viera hasta que pudiera mantener una conversación normal sin lamentarse. Además, era la vicepresidenta de recursos humanos de EZ Tech, de modo que no pasaría mucho tiempo antes de que alguien entrara en su oficina para conversar, quejarse y compartir sus problemas e inquietudes con ella. Era en parte gerente, en parte psicóloga, en parte conciliadora y en parte cubo de la basura. Todo eso venía con el cargo, y ella lo aceptó así.

En realidad, le gustaba ayudar a la gente. Sin embargo, últimamente tenía dificultades para escuchar sus problemas. Cuando empezaban a hablar, Hope sólo podía pensar en sus propios problemas. Ella leía los labios de los demás, pero todo lo que podía pensar era: «Si ellos supieran lo que estoy afrontando. Si conocieran mi vida. Si sólo supieran...»

2

Baterías quemadas

El ascensor se abrió y Hope se sobresaltó con el alboroto. Los empleados estaban corriendo en todas las direcciones. Los teléfonos sonaban sin parar. Los equipos de marketing y relaciones públicas se cruzaban en los pasillos. Todo el mundo gritaba. «Estamos bajo un ataque o el mercado se ha derrumbado», pensó Hope. «Por Dios, hoy no. Hoy no necesito esto», se dijo a sí misma mientras caminaba rápidamente hacia su oficina con la cabeza gacha. Antes de que pudiera dar otro paso, levantó la cabeza y vio a Jim que corría hacia ella.

—Hope, Hope, Hope. ¿Dónde has estado? —gritó, mientras se acercaba a ella.

—Oí mi nombre la primera vez —repuso ella, con la esperanza de que él retrocediera unos pasos o unos kilómetros al menos. Jim tenía el peor aliento a café del mundo, y ella experimentó una sensación de náusea en su estómago.

—Sí, vale, quizá sólo es porque estoy contento de que estés aquí —contestó Jim—. O quizás es porque me sorprende que, en uno de los peores días de la historia de la compañía, estabas ilocalizable. Nuestro jefe está en la televisión nacional explicando por qué nuestras baterías de ordenadores producen un cortocircuito, y tú llegas a la oficina una hora más tarde con el aspecto de haber sido atropellada por un autobús.

«En realidad, me siento como si me hubiera atropellado un autobús», pensó Hope.

Jim la cogió del brazo mientras la conducía hacia su oficina y le señaló una silla para que se sentara.

—En todos mis años a cargo de las operaciones nunca había visto a los medios de comunicación atacar a una compañía como lo están haciendo esta vez con esta historia. Son como una jauría de perros de presa. La Red de Televisión Empresarial (RTE) acaba de terminar su entrevista a Dan y el público no ha reaccionado favorablemente. Millones de personas han visto a nuestro consejero delegado recibir una paliza verbal en el plató. Nuestras acciones están cayendo y tenemos que encontrar una forma de salir del atolladero.

—Ya hemos tenido problemas antes con nuestros ordenadores. Hemos tenido fallos. No creo que sea peor esta vez —dijo Hope meneando la cabeza.

—Es más que eso —dijo Jim—. El problema de la batería sólo es la punta del iceberg. Todos dicen que Dan ha perdido el rumbo con la compañía. ¿Me creerías si te dijera que el entrevistador tuvo el descaro de preguntarle a Dan cómo se siente un consejero delegado estrella cuando las acciones de su compañía caen hasta el nivel más bajo de toda su historia? La RTE sacó a la luz el hecho de que tenemos *bloggers* dentro de nuestra compañía que están difamando a la dirección, e incluso publican los memorandos que hemos compartido con nuestros empleados. ¿Puedes creerlo? ¿Memorandos privados expuestos a los ojos del mundo? Ahora parecemos más guardianes del zoo que fabricantes de ordenadores. Personalmente, quisiera emprender una misión de búsqueda y destrucción: averiguar quiénes son esas personas y echarlas yo mismo del edificio —agregó Jim rechinando los dientes.

—Lo haremos. Lo haremos —respondió Hope, intentando calmarlo, a sabiendas de que a menudo perdía los estribos.

3

La moral

La ironía era demasiado perfecta, pensó Hope. En ese momento, sentía la necesidad de gritar a pleno pulmón las injusticias de su vida, pero tenía que tranquilizar a Jim. Todo lo que deseaba hacer era acudir a su oficina, cerrar la puerta, apoyar la cabeza sobre sus manos y relajarse, pero, como era habitual, tenía que ayudar a alguien a mantener la serenidad.

Ella sabía que cuando Jim estaba irritado lo mejor era apaciguarlo, no llevarle la contraria y, más tarde, compartir ideas alternativas. Afortunadamente, su dosis de cafeína estaba surtiendo efecto y su adrenalina fluía. Empezó a pensar con más claridad. Jim era el tipo de gerente exigente y de alto rendimiento que quería orden y resultados. Sin duda, tenían que averiguar quiénes eran esos *bloggers*, pero había más cosas en juego. Ella era el puente entre el equipo ejecutivo y miles de empleados, y no necesitaba que nadie en la televisión nacional le dijera que tenían un problema de moral en su organización. Ella había acudido a Jim y Dan en varias ocasiones para explicar sus problemas, e incluso había ofrecido sugerencias para mejorar la cultura de la organización, pero, como era habitual, el tema se dejó de lado como una «buena idea» para ser tratada en la próxima reunión, porque ahora necesitaban discutir problemas más urgentes.

Los problemas de logística y ventas, las dificultades del centro de llamadas, las reclamaciones de los clientes, el precio de las acciones, las reuniones de accionistas, todo era siempre más urgente que las inquietudes de sus empleados. De modo que el negativismo empezó a propagarse y el estado de ánimo empeoró. Después de un tiempo, ella se cansó de hablar y no insistió más en el asunto. Además, tenía suficientes problemas personales como para intentar resolver las dificultades de su compañía, si nadie quería escucharle.

Por supuesto, todos se mostraron entusiasmados después de asistir a un seminario de liderazgo y hablaban de ser positivos y desarrollar una compañía positiva e incluso, durante un tiempo, enviaron mensajes positivos al personal a través del correo electrónico, pero cuando se produjo la siguiente crisis, todo se quedó olvidado. Lo más importante era el precio de las acciones. Ella hubiera querido recibir un dólar cada vez que Jim, Dan o un miembro del equipo ejecutivo mencionaba las palabras *valor del accionista, precio de las acciones* y *expectativas del mercado*. Hope tenía ideas y soluciones, pero Jim era el mayor obstáculo para implementar algunas de ellas. La idea de Jim para desarrollar una cultura positiva era invitar a pizza a los empleados una vez al mes.

Ella intentó convencer a Dan de que tenían que hacer de la cultura de la organización una prioridad, y él la había escuchado, pero no se hizo nada al respecto. ¿Por qué deberían cambiar algo? El precio de las acciones estaba en su punto culminante. Durante el año anterior habían registrado ganancias sin precedentes y todo parecía ir sobre ruedas.

La moral

Sin inconvenientes. Así fue hasta hoy. Hoy se estaban revelando sus secretos al mundo y no parecían favorables en absoluto. «Quizás ahora finalmente comprendan que, aunque fabricamos ordenadores, no somos dirigidos por ordenadores. Ésta es una empresa de personas —pensó Hope—. Espero que hoy lo comprendan.»

4

La llamada telefónica

Wayne y Ken acudieron deprisa a la oficina de Jim, abriéndose paso casi a empujones. No podía haber dos personas más diferentes que ellos. Wayne ocupaba el cargo de vicepresidente de marketing de EZ Tech. Su acento era el característico de las personas del noreste. Se peinaba hacia atrás su cabello ondulado castaño oscuro, de modo que su rostro atractivo resaltaba. Era muy franco y no podía disimular sus deseos de ser consejero delegado algún día. Estaba muy dispuesto a compartir sus ideas y sugerencias, y aún más dispuesto a desechar las ideas estúpidas de los otros. Ken, por otro lado, era un sureño afable que dirigía la planta de fabricación de EZ Tech. Conversaba lenta y metódicamente y escuchaba más de lo que hablaba.

Sin embargo, tan diferentes como parecían ser, hoy ambos estaban sudando y nerviosos. Hope sabía que ninguno de ellos había pasado antes por algo como esto. Su compromiso sería crítico para el manejo de esta crisis y ella sentía curiosidad por ver cómo responderían. Hope observaba a las personas y aprendía mucho de ellas sólo mediante la observación. Como ella esperaba, Wayne habló primero.

—Acabo de hablar por teléfono con Dan y me volverá a llamar en dos minutos. Veo que todos están aquí, excepto Robert.

Exactamente como Hope había pensado, Wayne siempre intentaba asumir el control de la situación e identificaba a los que estaban presentes y a los que no lo estaban. Era un maestro habitual de lo obvio. Todos sabían que Robert se encontraba en el extranjero cerrando un importante trato de venta con un gobierno.

—¿Nos sentamos? —preguntó Jim mientras invitaba a todos a que tomaran asiento.

En ese momento sonó el teléfono, Jim pulsó el botón de llamada en conferencia y Dan dio a todos una serena bienvenida. Dan, un tipo alto y delgado, era un consejero delegado afable cuya conducta serena y calma se había gestado en sus años como entrenador de baloncesto universitario. Finalmente, había dejado su puesto de entrenador para poner en marcha EZ Tech con un compañero de la universidad, pero como Dan le dijo a Hope en muchas ocasiones: «No he dejado de ser entrenador; sólo he elegido un ambiente diferente para aplicar mis principios». E, irónicamente, sus habilidades de líder y entrenador, y su capacidad para manejar las presiones iban a ser puestas a prueba como nunca antes.

Dan continuó:

—Como todos sabéis, ésta ha sido una mañana muy desafiante e interesante. Sin duda, no me ha gustado ser ridiculizado en la televisión nacional ante la comunidad empresarial y mis colegas. No me agrada que la credibilidad de esta compañía y nuestro gran equipo sean cuestionados. Indudablemente, nos hemos caído de nuestro pedestal y estoy decidido a hacer todo lo que sea necesario para resolver nuestros problemas y recuperar la admiración y confianza de nuestros clientes y del mercado. El mundo nos está observando, todos han puesto los ojos en nosotros, y nuestro modo de responder dirá todo acerca de quiénes somos y qué representamos. Por eso ahora os pregunto: ¿quiénes están dispuestos a asumir este desafío conmigo?

Todos en el salón respondieron de modo afirmativo.

—Entonces, abordemos los problemas uno por uno. Ante todo, necesitamos resolver nuestro problema de las baterías. Jim y Ken, ¿qué ideas tenéis al respecto?

—Obviamente, necesitamos encontrar el fallo —respondió Jim.

—Estupendo. ¿Y qué más?

—¿Retirarlas de la venta? —agregó Ken poco convencido.

—Eso es indudable —respondió Dan—. Hagámoslo de inmediato. Corregiremos el fallo y reemplazaremos cada batería por una nueva. Eso tendrá un coste para nosotros, pero salvaremos nuestra reputación y nuestro futuro.

Como de costumbre, Wayne intervino en la conversación.

—Estaba pensando que también deberíamos formular un plan de tres puntos para compartir con los medios de comunicación y explicar cómo abordaremos los problemas de la batería y otras cuestiones mencionadas hoy en la televisión.

—No me sorprende que hayas pensado en eso, Wayne, —se rió Dan—. Y tienes toda la razón. Anunciaremos la retirada de la venta de inmediato y luego informaremos a los medios de comunicación de que estamos preparando un plan de tres puntos para abordar nuestros retos, que estará listo el lunes. Y después crearemos un plan más detallado para compartir con los miembros de nuestra junta directiva que, como es muy natural, están muy preocupados. Esto nos remite al problema de los *bloggers* y todas las cosas negativas que se han filtrado a los medios de comunicación acerca de nuestra compañía. Tenemos que hacer algo al respecto. ¿Alguien tiene alguna idea?

—Propongo que designemos a Hope para que averigüe quiénes son esos *bloggers*, tan pronto como sea posible —dijo Jim en voz alta y con rabia.

Todos miraron a Hope y ella pudo sentir que la estaban juzgando. Todavía tenía sus ojos notablemente hinchados y, dado que no era la estación de las alergias, resultaba evidente para todos que había estado llorando otra vez.

—Necesitamos encontrar a los *bloggers* y hablar con ellos —contestó Dan—. Pero aquí hay un problema más serio que algunos *bloggers* negativos. En todos mis años de entrenamiento, cada vez que tenía un problema con mi equipo no culpaba a los jugadores, me culpaba a mí mismo. Y ahora los medios de comunicación están en lo cierto. Yo me siento como si hubiera perdido el rumbo y no hubiera hecho un buen trabajo de entrenamiento. He ignorado los verdaderos principios que he usado para crear buenos equipos de baloncesto y para desarrollar esta compañía. Hoy me han dado una paliza, pero eso me ha hecho tomar conciencia. Ahora sé cuáles son nuestros problemas, y hoy empezaremos el proceso de buscar y aplicar las soluciones.

5

El problema real

—Veamos —dijo Dan con pasión—, nuestro problema es la actitud negativa y, de ello, sólo podemos culparnos a nosotros mismos. Creo que donde haya un vacío, el negativismo lo llenará. Desafortunadamente, dentro de cada organización uno encuentra vacíos en la comunicación entre los líderes y sus empleados, entre los diferentes grupos y entre los miembros de los equipos. Esto sucede en todas partes: en los equipos deportivos, en los de trabajo y en los grupos de familia. Dentro de ese vacío, el negativismo comienza a gestarse y a crecer hasta que, finalmente, se extiende como un cáncer si uno no lo trata. Como equipo ejecutivo nos corresponde a nosotros hacer todo lo posible para impedir que se produzcan estos vacíos, debemos llenarlos inmediatamente con una comunicación positiva y una energía positiva. Las personas no sólo quieren ser vistas y oídas. Necesitan oír y ver, y si no sienten que son parte de la compañía, entonces supondrán lo peor y obrarán en consecuencia.

»En muchas ocasiones, Hope ha venido a verme con sugerencias para mejorar nuestro proceso de comunicación y nuestra cultura, y para abordar nuestros problemas de personal y, francamente, no la escuché bien o no actué como debía. En consecuencia, hemos creado demasiados vacíos que han permitido que los problemas de moral y negativismo se agravaran hasta que, finalmente, se han manifestado en nuestra crisis presente. Éste no es un problema de unos *bloggers* aislados. Ellos sólo son el síntoma, lo mismo que el fallo de las baterías. Nuestro problema real es el negativismo y la cultura negativa, y necesitamos abordar esto de inmediato.

—Hagámoslo enseguida —dijo Jim—. Yo me ocuparé de ello.

—No, Jim —respondió Dan—. Quiero que Hope se ocupe de este problema. Tú lo harás, Hope.

—De acuerdo —dijo ella, mientras Jim le lanzaba una mirada feroz y su corazón sangraba. Ella aceptó entusiasmada, pero en el fondo sentía que si ni siquiera era capaz de manejar su vida, mucho menos lo era de ayudar a Dan a resolver los problemas de la compañía.

—Estupendo, Hope. Quiero que para el lunes prepares un plan para abordar nuestro problema de negativismo y nuestra cultura. Yo lo presentaré como parte del plan que explicaremos a los medios y además compartiré un plan amplio y detallado con el consejo de administración. Entonces, empieza de inmediato, Hope, y mañana pasaré por tu despacho para discutir esto más a fondo.

Ella sonrió mientras todos en el salón menearon la cabeza con incredulidad.

6

El tráfico

Hope vivía a sólo 40 kilómetros del trabajo, pero el tráfico habitual hacía que parecieran 100. En el pasado, ella usaba el tiempo que pasaba en el embotellamiento para escuchar algún cedé inspiracional sobre liderazgo, pero últimamente todo lo que hacía era revisar la lista de quejas que había recibido de los empleados ese día y generar una lista propia que estaba encabezada por el atasco. La gente sólo debería mirar la carretera y conducir como personas normales, en lugar de observar los coches averiados en el arcén, pensó. ¿Por qué las personas tienen que ser tan despistadas? Uno debería someterse a un test de «estupidez» antes de recibir el carnet de conducir, pensó.

«¿Qué está haciendo?», le gritó por la ventanilla al conductor más próximo que intentaba cruzarse delante de ella. «Siga por su propio carril. ¿No ve que estoy aquí?» Me compadezco de la persona que intenta meterse conmigo en este momento, se dijo, mientras se miraba en el retrovisor. No puedo creer que Dan espere que le presente un plan para salvar a la compañía del negativismo, pensó. Ni siquiera puedo salvarme a mí misma.

No sabía cuánto más podría soportar. Ayer su médico le dijo que había detectado algo «inquietante» en su examen físico anual y que quería hacer algunas pruebas más. Hope sabía que las mujeres de su familia eran genéticamente propensas al cáncer de mama y le aterraba la idea de ser la próxima en padecerlo. Mientras avanzaba lentamente en el atasco frenando y acelerando, pensó en la cita con su médico al día siguiente e intentó imaginar cómo encajarla en su agenda; tenía que crear un plan para el lunes y Dan era inflexible al respecto. Después del año que había tenido, Hope no quería compartir con nadie otro problema más en su vida. Necesitaba el empleo para mantener a dos adolescentes y también sabía que tenía mucha suerte de trabajar con un líder como Dan. Él era el único hombre en su vida que no actuaba como un pelmazo. Reflexionó sobre si debía comentar con sus hijos los exámenes médicos y decidió esperar hasta que recibiera los resultados. Habían pasado muchas cosas durante el último año y, evidentemente, ellos estaban sufriendo las consecuencias. Sin ir más lejos, la última noche, cuando Hope entraba en casa, ella y su hija discutieron otra vez.

—¿Dónde has estado, mamá? —gritó Lauren.

—Una buena manera de saludar a tu madre —contestó Hope—. ¿Dónde piensas que he estado? En el trabajo, como todos los días, tratando de ganarme el sustento.

—¿Has olvidado el baile de bienvenida de este viernes?

—No, no lo he olvidado, Lauren, sólo que ahora tengo muchas cosas pendientes.

—Pero yo no tengo un vestido, y tú me prometiste que elegiríamos uno juntas.

—Ve desnuda —dijo Jack mientras se reía tontamente y hacía morisquetas a su hermana mayor.

El tráfico

—Calla, pequeño gamberro —dijo ella al mismo tiempo que le daba un manotazo—. Ahora tienes quince años. Deja de actuar como si tuvieras diez.
—Tengo una semana muy ajetreada, Lauren. Puedo darte el dinero para que vayas a comprarlo tú misma. Lo siento.
—Sí, yo también, mamá. Las madres de las demás chicas las ayudan. Este año ni siquiera deseo ir al baile de bienvenida. No me gusta mi escuela. No me agradan mis amigos, y me disgusta no tener un vestido.
—No seas tan quejica —contestó Hope—. Te lamentas como las personas con las que trabajo.
—¡Quejica! ¡Quejica! ¡Mira quién habla de quejica! —replicó la obstinada adolescente de diecisiete años—. Si tú no haces más que quejarte. Entras en casa y lo primero que haces es quejarte de tu trabajo. Te quejas de todas las personas que se quejan a ti. Luego hablas por teléfono con la abuela y con la tía Pam y te quejas de ellas durante casi toda la noche. Te quejas siempre de la mala vida que llevas desde que papá se fue. Él no sólo te dejó a ti, mamá. También nos dejó a nosotros, y todavía estamos aquí. De modo que cada vez que dices cuánto detestas tu vida, estás diciendo cuánto aborreces la vida con nosotros. Si soy una quejica es porque he tenido una buena maestra.

Hope ni siquiera pudo responderle a Lauren. De tal palo tal astilla, pensó, y recordó el infierno que ella misma le había hecho pasar a su propia madre. Cogió una botella de vino y se encerró en su dormitorio. Pensó en su ex esposo, que le había dicho que deseaba una nueva vida y una nueva mujer. Pensó en la abultada deuda de la tarjeta de crédito que él le había dejado. Pensó en las facturas que se habían apilado sobre su escritorio. Anoche había llorado hasta quedarse dormida y para colmo hoy en el trabajo se dio de narices con un problema de negativismo y baterías quemadas.

Y mientras regresaba a casa reflexionó sobre lo que había ocurrido la noche pasada y se preguntó qué más podría suceder. «¿Qué más tienes reservado para mí?», preguntó mientras miraba hacia el cielo y apretaba los puños. Cuando el tráfico se aligeró un poco, Hope pensó en el enorme reto que afrontaba. Había fracasado en su matrimonio y ahora trataba de conservar su empleo. Su relación con su hija se estaba deteriorando. Y quién sabía cuáles serían los resultados que mañana revelarían los exámenes médicos, sin mencionar lo que Dan esperaba de ella. Hope no quería llegar a su casa esa noche y discutir de nuevo con su hija, y tampoco quería ir a trabajar mañana. Deseaba liberarse y huir. «Si mi ex esposo puede hacerlo, ¿por qué yo no?», se preguntó. Quería decirle a Dan que tenía muchos proyectos entre manos como para poder contribuir a su plan de tres puntos y estaba dispuesta a recomendarle a Jim para que lo dirigiera. Estaba convencida de que éstas serían las primeras palabras que mañana le diría a Dan.

Finalmente, Hope llegó a su casa, cruzó la puerta de entrada y se sorprendió al encontrarla vacía y en silencio. Luego vio una nota. Era de Lauren, que le comunicaba que se encontraba en casa de su novio y que Jack se quedaría a cenar en casa de su amigo, y que volverían tarde. Gracias a Dios, pensó ella. Se sentía sin fuerzas. Se sirvió una copa de vino, trabajó un poco en el ordenador y luego se metió en la cama y se durmió.

7

La conversación

Hope estaba orgullosa de sí misma. Hoy sólo iba a llegar 10 minutos tarde. Sabía que Jim le comentaría a Dan las condiciones en las que ella se encontraba ayer, y sabía que Dan iría a verla a su despacho, de modo que quería estar pronto y lo mejor preparada posible. Pero cuando llegó, Dan ya estaba sentado en su oficina esperándola.

—Hope, Hope, Hope.

«¿Por qué todos tienen que decir mi nombre tres veces?», pensó ella.

—Qué sorpresa —dijo Dan—. No esperaba verte hasta dentro de cuarenta y cinco minutos.

—Muy gracioso, Dan.

—No intento ser gracioso —repuso él, mirándola fijamente—. Estoy hablando en serio. Sabes que éste es un momento muy crítico para mí y para nuestra compañía. Tengo que llevar este barco a buen puerto, y necesito saber si tú estás por la labor.

—Desde luego, lo estoy. Sólo que no sé si ahora puedo encontrar la solución a nuestros problemas. No estoy pasando por el mejor momento y mi vida…

—Escucha, Hope. Sé que has tenido un año difícil desde que tu esposo te abandonó. Sé que no es fácil criar a dos adolescentes sin ayuda. Y sabes que puedes contar conmigo, pero he comprendido que hay momentos en los cuales mi benevolencia nos perjudica a todos. Si no te desafiara, no podrías crecer y, si no creces, no puedes ayudarnos a crecer.

—Pero ¿qué pasa con Jim? ¿No sería el más indicado para esto ahora? Él está deseando hacer algo. Yo no sé si soy la persona más apropiada y…

—Jim tiene sus virtudes, y tú tienes las tuyas. Las personas son más dinámicas cuando usan sus virtudes para un propósito importante, y no hay un propósito más grande que salvar a nuestra compañía. Esta tarea no es para Jim. Yo conozco tus virtudes, y este trabajo es para ti.

—Sólo necesito un poco más de tiempo para ordenar mi vida —dijo ella con la cabeza gacha.

—No, Hope. Tú no necesitas más tiempo. Ya has tenido bastante tiempo para pensar. Ahora es el momento de actuar. Yo creo que todo sucede por una razón. Esta crisis de las baterías nos convertirá en una compañía más poderosa, y creo que aceptar este reto es lo que necesitas precisamente ahora. Mira, Hope, desde que tu esposo te abandonó has estado como un animal herido que sólo se preocupa por sí mismo, por su vida y sus problemas. Has dejado de ser alguien que quería ayudar a todos en la compañía y cambiar el mundo y te has convertido en una persona que sólo desea ocultarse y compadecerse de sí misma. Ésa no eres tú. Te he observado durante un tiempo y he intentado darte espacio para arreglar tus cosas, pero ya no puedo hacer eso. No es bueno para ti ni para mí. Ha llegado el momento de deshacerte del lastre. Olvidar el pasado. Deja de sentirte frustrada por lo que eres y empieza a ser optimista con lo que serás. Concéntrate en el futuro. Trata de superarte. Deja a un lado tus propios problemas y concéntrate en ayudar a los otros con los suyos. Esto es lo que mejor haces. Es lo que define quién eres. Usa tus virtudes para un propósito importante y ayúdame a salvar esta compañía.

—Eres una persona a la que resulta difícil decir «no» —respondió Hope, a sabiendas de que todo lo que Dan le había dicho era cierto.

Él sonrió.

—Recuerda, Hope: *aquello que más necesitamos es aquello a lo que más nos resistimos.* Y ahora tú necesitas afrontar este reto y nosotros te necesitamos a ti. ¿Qué dices?

8

El coste del negativismo

—De acuerdo, haré todo lo posible —dijo ella, sabiendo que realmente no tenía otra opción. Cuando Dan estaba convencido de algo, de un modo u otro, lo conseguía. Lo haría con ella o sin ella y, si Hope no participaba, eso significaba que se quedaría sin empleo. Algo que ella no podía permitirse. No ahora. Y además, no quería decepcionar a Dan. Hacía varios años que él la había empleado en la compañía con un gran entusiasmo, y le había ofrecido una oportunidad única de progresar. Luego, en medio de todas sus luchas personales, le había brindado su apoyo en los buenos y en los malos momentos. Trabajar con Dan era la mejor experiencia de su vida profesional y ella no quería renunciar a su empleo. Hope se lo debía a él. Sin embargo, también estaba llena de miedo. Había estado estudiando la situación la noche anterior y descubrió la magnitud del problema que estaban afrontando.

—Pero debes saber que esto no va a ser fácil —dijo ella cogiendo una hoja de papel

—Nada que valga la pena lo es —respondió Dan.

—Anoche hice algunas averiguaciones y conseguí estos datos reales sobre el coste del negativismo. Esto no sólo es un problema nuestro. Es el problema más grande de las empresas, y no sólo nos afecta como organización, sino que también nos afecta individualmente —explicó Hope, mientras le entregaba una hoja de papel donde había anotado lo siguiente:

Coste del negativismo

- El negativismo le cuesta a la economía norteamericana entre 250.000 y 300.000 millones de dólares anuales en pérdida de la productividad, de acuerdo con la Organización Gallup. Y esta cifra es incompleta porque no tiene en cuenta el efecto dominó de las quejas y el negativismo.
- El 90 por ciento de las visitas al médico se relacionan con el estrés, de acuerdo con los Centros de Control y Prevención de Enfermedades, y la primera causa del estrés en la oficina son los compañeros de trabajo y sus quejas, de acuerdo con Truejobs.com.
- Un estudio reveló que los empleados negativistas pueden ahuyentar a los clientes con quienes se relacionan (*¿Está lleno su cubo?**, de Tom Rath).
- Cuando en el trabajo las interacciones negativas son comparativamente más frecuentes que las interacciones positivas, puede disminuir la productividad de un equipo, de acuerdo con una investigación de Barbara Fredrickson de la Universidad de Michigan.
- El negativismo afecta a la moral, el rendimiento y la productividad de nuestros equipos.

* Empresa Activa, Barcelona, 2005. *(N. del T.)*

El coste del negativismo

- Una persona negativista puede crear un entorno de trabajo desagradable para todos los demás.
- Las emociones negativas están asociadas con los siguientes factores:
  - Menos longevidad y duración de la vida laboral.
  - Más riesgos de infarto.
  - Más riesgos de apoplejía.
  - Más estrés.
  - Menos energía.
  - Más sufrimiento.
  - Menos amistades.
  - Menos éxito.

Dan la miró por encima de la hoja y asintió con la cabeza.

—Éste es un gran comienzo. ¿Has visto?, yo sabía que eras la persona indicada para este trabajo.

Hope sonrió.

—Ahora que sabemos que estás preparada para la lucha, podemos elaborar un plan para ganar la batalla —continuó Dan—. Si hay algo que he aprendido en todos mis años de entrenador, es que necesitas conocer a tus competidores, porque una vez que los conoces, puedes aprovechar sus debilidades. El negativismo tiene un punto débil. Encontremos una manera de aprovecharlo y conquistarlo, y estaremos en nuestro camino a una transformación eficaz.

La reunión concluyó, y cuando Dan llegó a la puerta, se volvió y dijo:

—A propósito, Hope, quiero que sepas que creo en ti. Sé que tú puedes hacer esto.

Una lágrima se deslizó por la mejilla de Hope porque se

sentía emocionada y agradecida de que todavía hubiera buenos hombres en el mundo. «Si tan sólo pudiera creer en mí misma», pensó. Hope trató de reunir sus ideas sobre las próximas acciones que debía realizar. «No se me ocurre nada. Nada en absoluto», pensó.

9

Podría ser peor

Hope salió del edificio de la compañía, con la esperanza de que un poco de aire fresco le despejara la mente. Desde luego Dan la había motivado, pero ella sabía que toda la motivación del mundo no le ayudaría si no era capaz de crear un plan que el equipo ejecutivo pudiera llevar a cabo. Se sentó en el banco de una plaza frente al edificio y observó a la gente que subía y bajaba del autobús. Vio el autobús de la ruta 11 y se preguntó por qué los pasajeros siempre bajaban tan contentos. ¿Acaso no sabían que estaban yendo al trabajo? «Ojalá fuera una de esas personas. Eso lo haría todo más fácil», pensó. Hope estaba tan absorta en sus pensamientos negativos que ni siquiera advirtió al guardia de seguridad que se detuvo delante de ella durante unos segundos. El hombre le tocó el hombro.

—¿Señora? ¿Señora Hope?

—Perdone —respondió ella sobresaltada—. ¿Puedo ayudarle? ¿Cómo sabe mi nombre?

—Conozco a todas las personas que trabajan en este edificio, señora. Y estoy seguro de que usted sabe quién soy, porque hasta hace aproximadamente un año usted solía pasar y dedicarme una sonrisa antes de entrar en el ascensor. Debo decirle que ése era el momento más feliz de mi jornada. Su sonrisa era como un rayo de sol que iluminaba un día oscuro y deprimente. Ahora lo que usted hace es pasar de largo e ignorarme como todos los demás. Como si ni siquiera estuviera aquí ahora. De hecho, podría ser una estatua. Tengo que ser sincero con usted, señora, su sonrisa era la mejor parte de mi jornada y la echo de menos. Pensé que, si venía aquí e intentaba animarla, podría verla sonreír nuevamente. Quizás usted tenga algunos problemas en su vida como todo el mundo, pero quisiera contarle una historia, si le parece.

—Desde luego —respondió Hope, que no estaba segura de qué decir.

—¿Conoce a Snoopy? El del cuento de Charlie Brown. Bien, era el día de Acción de Gracias y Charlie Brown estaba disfrutando de una comilona con su familia. El pobre Snoopy no había sido invitado y estaba solo en su caseta con alimento para perros y un hueso. No era un chucho feliz. Pero entonces tuvo una idea que lo cambió todo. Pensó: «Esto podría ser peor. Podría haber nacido pavo y entonces me estarían comiendo». Verá, señora, ignoro por lo que está pasando, pero espero que recuerde que siempre puede ser peor. Gracias por escucharme. Espero ver más sonrisas suyas.

El guardia de seguridad le dedicó una gran sonrisa y regresó al edificio. Hope se frotó la cara y deslizó los dedos entre sus cabellos.

Pensó en lo que le había dicho Dan sobre su ensimismamiento. Ni siquiera sabía que una simple sonrisa podía tener un efecto semejante en otra persona. ¿Qué más habría hecho que ella ignoraba? ¿A cuántas personas habría afectado en el trabajo por estar concentrada en su desgraciada

Podría ser peor

vida? Quizá Dan tenía razón. Quizás ésta era su oportunidad para volver atrás y destacarse nuevamente. Quizá, si se concentraba en salvar a la compañía, se salvaría a sí misma... y beneficiaría a los otros en el proceso. Hope sabía que necesitaba empezar de inmediato, antes de acudir al hospital para ver los resultados de sus análisis.

10
El cáncer

Hope condujo hasta el hospital tan rápidamente como era posible. Estaba atemorizada, y cuando tenía miedo, conducía y hablaba deprisa. Trató de apartar la atención de los análisis, mientras se concentraba en cómo debería abordar a los *bloggers* negativos en el trabajo. Pensó en la investigación que había compartido con Dan sobre el negativismo, y se le ocurrió que el cáncer existía en los cuerpos y en las organizaciones. En efecto, ella coincidía con Jim en que esos *bloggers* particulares eran imbéciles y sabía que, lamentablemente, los imbéciles existían en todas las organizaciones. Pensaba que eran una especie de cáncer local de piel. No se ocultaban. Estaban a la vista y se anunciaban: «Aquí estoy». En consecuencia, uno podía extirparlos fácil y rápidamente. Mucho más peligroso es el cáncer sutil que crece en el interior del cuerpo. Crece oculto debajo de la superficie, a veces de un modo lento, a veces rápidamente, pero de uno u otro modo, si no se detecta, al final se extiende hasta el punto en que puede destruir el organismo. Éste era el tipo de negativismo que a ella le preocupaba en EZ Tech, pues sabía que podía destruir a la compañía si no encontraba un modo de erradicarlo. Con la moral baja y el precio de las acciones en su nivel histórico mínimo, la empresa necesitaba una respuesta, y rápidamente.

La regla de Prohibido quejarse

La mano de Hope temblaba mientras escribía su nombre en el registro de pacientes del hospital. Tomó asiento y esperó lo que le pareció una eternidad para ser atendida. Aborrecía los hospitales y, aún más, odiaba esperar en ellos. No tenía nada en contra de las personas que trabajaban allí, pero se consideraba alérgica a las agujas, la sangre, el dolor y las batas blancas. Hope no esperaba nada bueno de un hospital. Miró a su alrededor y no pudo creer que estaba allí. «Yo no necesito esto», pensó. «¿Por qué yo? ¿Por qué ahora?»

Finalmente, apareció una mujer gruesa e imponente en el vano de la puerta y pronunció su nombre. Hope caminó hacia ella y se dijo entre dientes: «¡Ya era hora!»

—Perdón por la espera —dijo la mujer—. Hoy acumulamos retraso. Pero le aseguro que será atendida tan pronto como sea posible.

—Estupendo —dijo Hope—. Tengo que volver al trabajo y he estado aquí mucho más tiempo del que pensaba.

—Como le he dicho, haré todo lo posible —respondió la mujer mientras la conducía a una sala privada y miraba el expediente—. ¿Usted es Hope, verdad?

—Sí —repuso ella fastidiada. «¿Quién más podría ser?», pensó.

—Debo asegurarme de haber cogido el expediente correcto. A veces los mezclan, nunca se sabe. Me encanta su nombre —continuó la mujer—. Yo me llamo Joyce, pero siempre he deseado un nombre como Hope. Mi hermana mayor se llama Joy y a mí me hubiera gustado llamarme Faith, Hope, Grace* o algo parecido. Pero a mi padre le gustaba tanto el nombre de Joy que cuando nací me llamaron Joyce. ¿No es curioso? Joy y Joyce.

Hope la interrumpió:

—Entonces, ¿cuándo estarán listos esos análisis? Ni siquiera deseo estar aquí y...

Joyce sonrió. Sabía que tenía otra paciente difícil en sus manos.

—Nadie quiere estar aquí —dijo—. Pero usted está aquí. Por lo tanto, hagamos lo que debemos hacer. En primer lugar, voy a extraerle un poco de sangre y la llevaré al laboratorio, y luego la acompañaré hasta la sala de ultrasonido; así de simple.

—De acuerdo —dijo Hope con su mano todavía temblando—. ¿Le he dicho que detesto los pinchazos?

—No, no lo ha dicho, pero no me sorprende. Dígame qué más detesta.

—¿Habla en serio? —preguntó Hope.

—Desde luego. Me encanta oír quejarse a la gente. Ésta es la mejor parte de mi trabajo —dijo Joyce con una gran risa sarcástica.

---

* Alusión a las tres virtudes teologales: fé, esperanza y caridad. A lo largo de la obra el autor establece un juego de palabras entre el nombre de la protagonista (Hope: Esperanza) y «albergar/tener esperanza». *(N. del T.)*

Pero Hope interpretó la invitación de Joyce como una oportunidad para desahogarse de todo lo que odiaba en su vida.

—No me gusta estar aquí. No me agrada la idea de que pueda estar enferma. Me fastidia que mi esposo me haya abandonado. No me gusta que mi hija adolescente se comporte como una mujer de treinta años. Me fastidia que las facturas de mi tarjeta de crédito sean más grandes que mi cuenta de ahorros. Detesto el tráfico y odio los hospitales. ¿Debería continuar?

—No, eso es suficiente —dijo Joyce—. Y ahora que hemos terminado el juego, ¿no le parece horrible? Quiero que vea aquel cartel que hay en la pared.

Hope lo miró: «PROHIBIDO QUEJARSE». Meneó la cabeza y se sintió avergonzada.

—Vale, Hope, usted se desahogó y ahora me toca a mí. Aquí rige la regla de Prohibido quejarse, y desde este momento tiene que respetarla.

—Pero esto es en un hospital y tengo todo el derecho de quejarme —protestó Hope en voz alta.

«¿Quién se cree que es esta mujer?», pensó Hope mientras se encolerizaba. «No tiene la menor idea de lo que estoy sintiendo. No sabe que el resultado de ese análisis determinará mi destino.» Pero Joyce lo sabía; había trabajado con miles de pacientes y había hecho todo lo posible para ayudarlos a todos ellos. No había creado la Regla para sí misma, sino para ellos. Sabía que existían dos razones fundamentales por las cuales la gente se quejaba: (1) porque tenía miedo y se sentía impotente, y (2) porque eso se había convertido en un hábito. En el caso de Hope, era por ambas razones. Joyce

El cáncer

sabía que las personas se sentían impotentes y desconcertadas cuando llegaban al hospital, y consideraba la Regla como una manera de atraer su atención y proporcionarles una perspectiva diferente. Intentaba ayudarlas a elegir un camino positivo. Sólo albergaba la esperanza* de que Hope estuviera dispuesta a poner en práctica la Regla.

---

* Véase N. del T. en página 55.

11

El camino positivo

—Tiene todo el derecho de quejarse —dijo Joyce—. No puedo impedírselo. Ésta es una nación libre, pero como dice mi hermana Joy que conduce un autobús: en la vida uno tiene la opción entre dos caminos. El camino positivo y el camino negativo. El positivo la conducirá al mejoramiento de la salud, la felicidad y el éxito, y el negativo, a la desdicha, el resentimiento y el fracaso. Dado que su autobús no puede estar en los dos caminos al mismo tiempo, debe decidir qué camino quiere seguir. Cuando se queja, escoge el camino negativo. Entonces, ¿en qué camino se encuentra usted, Hope?

—Creo que eso es muy claro —respondió ella mientras se calmaba un poco—. Pero cuando uno se siente como yo, es como si el camino positivo estuviera cerrado con un gran cartel que dijera: «No avanzar». Quizás usted sepa lo que eso significa. Y, además, ¿por qué no puedo desahogarme? —preguntó—. A veces, uno necesita aliviarse. A veces, una persona sólo necesita quejarse. Los psicólogos dicen que es saludable desahogarse y que si las personas no tienen un alivio, su salud puede verse perjudicada. ¿No cree que esto es irónico ya que usted trabaja en un hospital?

—¡Los psicólogos se equivocan! —exclamó Joyce sacudiendo su mano en el aire—. Tienen razón en una cosa. Hemos nacido para quejarnos. Cuando somos bebés, lloramos amargamente para conseguir lo que deseamos. Cuando tenemos hambre, lloramos y nuestra madre nos alimenta. Cuando estamos cansados, lloramos y nos mecen para dormirnos. Lloramos para abrirnos camino todo el tiempo y esto ha surtido efecto. Desafortunadamente, todavía hay muchas personas que siguen usando una forma adulta del llanto, la queja, para conseguir lo que desean, o para expresar su sentimiento de desamparo. Pero así como aprendemos a no chuparnos el pulgar y a dormirnos sin una luz de noche, también debemos superar el hábito de quejarnos. Sin duda, hay maneras más eficaces y productivas de abordar nuestros sentimientos negativos. Desde luego, todos necesitamos quejarnos de vez en cuando. Todo el mundo lo hace. Sin embargo, Hope, tengo la sensación de que usted no es una quejica ocasional. Parece que tiene mucha práctica en esto de quejarse. Y hay millones de personas como usted. Yo las llamo QC (quejicas crónicas) y no sólo se están dañando a sí mismas, sino que fastidian a todos los demás. Como dijo el gran entrenador de fútbol Lou Holtz: «No se queje. Al ochenta por ciento de las personas a quienes usted se queja no les importan sus problemas y el veinte por ciento están contentas de que los tenga».

Hope pasó de la ira a la tristeza muy rápidamente. Sabía que Joyce tenía razón, y sabía que su hija estaba en lo cierto. Ella era una quejica crónica. Eso era evidente. Sin duda, muchas personas la evitaban últimamente porque no querían escucharla.

Joyce continuó:

—No importa lo que digan los psicólogos, la queja no nos hace sentir mejor. Quizá temporalmente, pero a la larga las quejas crean un ciclo de negativismo que se alimenta a sí mismo y crece. Piense en esto, Hope. Durante años los psicólogos han procurado que sus pacientes practicaran boxeo con sacos de arena para aliviar su ira, solamente para descubrir que esa práctica generaba más violencia. Lo mismo ocurre con las quejas. Cuando nos quejamos, alimentamos el negativismo. ¿Sabe a qué me refiero, Hope? Algunas personas no tendrían nada que decir si no se quejaran.

—Sí, como yo —respondió ella con una mirada de desesperación—. ¿Sabe?, no siempre he sido así. Solía ser una persona optimista. Era la única persona a la que todos mis amigos llamaban cuando necesitaban que alguien los animara. Después mi marido me abandonó y destrozó mi corazón. Es como usted dijo. A medida que pasaba el tiempo, me volví cada vez más negativista. Cada día me he ido convirtiendo en una persona más amargada y resentida, y ahora míreme. En realidad, siento que estoy muriendo cada día, en lugar de vivir. Antes solía creer en milagros y señales que me guiaban en la dirección correcta. Ahora el único milagro que espero es la fuerza para levantarme de la cama cada mañana.

—Pero puede librarse de eso cuando lo desee. Como dice mi hermana, uno puede bajarse del Tren de las Quejas y subir al Autobús de la Energía cuando lo desee. Ahora puede desviarse del camino negativo y coger el camino positivo. Este camino nunca está cerrado. Y si usted alguna vez se aparta de él, siempre puede volver a encontrarlo. ¿Qué le parece? Vayamos a la sala de ultrasonido y, mientras le hacemos el examen, empecemos a avanzar por el camino positivo.

—Desde luego —dijo Hope, sorprendida por su respuesta. Estaba a punto de conocer su destino y afrontar la posibilidad de tener noticias realmente malas. Sin embargo, Joyce había logrado que se sintiera mejor de lo que se había sentido en mucho tiempo. Sólo tenía la esperanza de que el resultado de su análisis no le diera otro motivo para quejarse.

12

La Abstinencia de quejas

El silencio llenaba la habitación mientras aguardaban al técnico de ultrasonido.

—Es realmente fácil abstenerse, ¿sabe? —dijo Joyce.

—¿Abstenerse de qué?

—De quejarse. Todo el mundo puede hacerlo.

—¿Incluso yo?

—Oh, he visto a muchas personas que estaban en una situación peor que la suya y se libraron en un santiamén. Se trata de un proceso sencillo en dos etapas. ¿Quiere que le diga cómo es?

—Desde luego. —Aceptó Hope, a sabiendas de que no tenía nada que perder y, además, no quería pensar ni un segundo más en la prueba de ultrasonido.

—Para empezar, en el Paso Uno, se establece un Día sin quejas. Yo lo llamo día de abstinencia. Deja de quejarse en seco. Esto es importante porque le permite controlar sus pensamientos y comprender hasta qué punto es negativista. Cuando yo lo hice, me sorprendieron todas las tonterías que dije y los pensamientos que irrumpieron en mi mente.

—Creo que necesitaré más que un día sin quejas —dijo Hope—. ¿Qué le parece un año sin quejas? ¿Pueden hacerlo los adolescentes y los empleados también? Eso sería una bendición.

—Todo el mundo puede hacerlo —le contestó Joyce—. Eventualmente puede hacerlo durante un año. Pero empiece con un día. Luego pase a una semana. Después a un mes y luego a un año. Como ocurre con cualquier hábito nocivo, al principio es una cosa de cada día, y recuerde que el cambio empieza con usted. Lo sé porque, aun cuando le diga esto, yo todavía me quejo, pero lo hago mucho menos que antes. Esto me remite al Paso Dos. Cuando usted se queja, lo hace porque seguramente usa su queja en su beneficio, como hacen todos. Verá, cada queja tiene un sentimiento opuesto. Si hay algo que a usted no le gusta, entonces habrá algo que le agrade. Si hay algo que a usted le hace infeliz, entonces habrá algo que le haga feliz. En realidad, la queja puede ser un don si la usamos correctamente. Si prestamos atención a nuestros pensamientos, palabras y quejas, aprenderemos mucho sobre lo que no nos gusta y no deseamos. Y luego podemos usar aquello que no deseamos como un catalizador para ayudarnos a determinar lo que realmente nos gusta y deseamos. De hecho, nunca eliminaremos completamente la queja de nuestras vidas. La clave es lograr que la queja tenga un efecto inverso y nos favorezca. En lugar de dejar que genere energía negativa, podemos usarla para un propósito positivo. Podemos usar las quejas como una «señal» que nos indica que estamos en el camino negativo y luego, en el momento siguiente, tomar un desvío para coger el camino positivo. Cada vez que nos damos cuenta de que estamos quejándonos, podemos decir: «De acuerdo, esto no me gusta o no me hace feliz. Entonces, ¿qué deseo? ¿Qué me hará feliz? ¿Qué

La Abstinencia de quejas

pensamientos me traerán paz en vez de frustración? ¿Qué medidas puedo tomar para corregir esto?» Deje que sus quejas le digan lo que usted aborrece, para que pueda concentrarse en lo que desea. Cada queja representa una oportunidad para convertir algo negativo en una acción positiva. Podemos usar la queja como un catalizador del cambio positivo en nuestras vidas, en el trabajo y en el mundo. Por eso, siempre digo: «Deje que sus quejas sobre los problemas le impulsen a encontrar las soluciones».

—Estoy de acuerdo con usted —concedió Hope—. Comprendo lo que está diciendo. Y, desde luego, esto parece simple ahora que estamos hablando de ello aquí, pero tengo la sensación de que eliminar el hábito no es tan fácil cuando uno afronta los problemas de la vida cotidiana. Especialmente en el trabajo, donde se experimenta mucho estrés.

—Es más fácil de lo que usted piensa —comentó Joyce—, pero necesita tener las herramientas. No me refiero al martillo o algo parecido, si bien algunas personas deberían darse un martillazo en la cabeza para cambiar sus ideas, sino a las técnicas que nos ayudan a crear hábitos positivos. Sólo se trata de usar las herramientas apropiadas.

Joyce le dio a Hope una pequeña tarjeta que describía las tres Herramientas para no quejarse y le dijo:

—Son éstas, querida. Use esta tarjeta, aplique las herramientas y estará bien orientada en el camino positivo. Mientras tanto, iré a ver a mis otros pacientes. Pero antes averiguaré dónde está la técnico de ultrasonido. Le diré que venga aquí y rápido —comentó con una risotada—. Oh, y antes de irme también quiero darle esto —dijo mientras sacaba de su bolsillo una pulsera de goma—. Me la dieron en mi iglesia y dice «SEA POSITIVO» en un lado y «PROHIBIDO QUEJARSE» en el otro. Úsela como un recordatorio para no ser una quejica crónica. En este mundo necesitamos todos los recordatorios positivos que podamos conseguir.

Mientras Joyce abandonaba la habitación, Hope se puso la pulsera. La técnico de ultrasonido todavía no se había presentado, pero en lugar de quejarse se puso a leer la tarjeta con las tres Herramientas contra la queja. Fue una buena idea, porque ella necesitaría todos los estímulos positivos que pudiera conseguir.

13

Las tres Herramientas para no quejarse

La tarjeta de Joyce contenía la siguiente información:

---

1. **El Pero → ___ Técnica Positiva.** Esta sencilla estrategia le ayudará a convertir sus quejas en pensamientos, soluciones y acciones positivas. Opera del siguiente modo: cuando usted reconozca que se está quejando, simplemente añada la palabra *pero* y luego agregue una acción o pensamiento positivo. Por ejemplo:
    - No me gusta conducir hasta el trabajo durante una hora, *pero* agradezco poder conducir y tener un empleo.
    - Detesto no estar en forma, *pero* me gusta sentirme bien, de modo que me concentraré en el ejercicio y en seguir una dieta apropiada.

2. **Concéntrese en lo que «puede hacer», en lugar de en lo que «tiene que hacer».** A menudo nos quejamos y nos concentramos en lo que *tenemos* que hacer. Decimos cosas como: «Tengo que ir a traba-

jar», «Tengo que conducir», «Tengo que hacer esto o aquello». Cambie su perspectiva y comprenda que *no* tiene que hacer algo, sino que *puede* hacerlo. Usted puede vivir su vida. Puede ir a trabajar, mientras muchos están en el paro. Puede conducir, a pesar de que haya mucho tráfico, mientras muchos ni siquiera tienen un coche o están demasiado enfermos para viajar. Concéntrese en lo que puede lograr. Concéntrese en la gratitud.

3. **Transforme las quejas en soluciones.** La meta no es eliminar todas las quejas. La intención es eliminar las quejas sin fundamento que no sirven a ningún propósito importante. Lo opuesto a la queja sin fundamento es la queja justificada. La primera es negativa y la segunda positiva. La diferencia radica en la intención. Con la *queja sin fundamento*, usted se concentra estúpidamente en los problemas, mientras que, con la *queja justificada*, usted identifica un problema y la queja le conduce a una solución. Cada queja representa una oportunidad para convertir lo negativo en positivo.

14

Ninguna noticia es una buena noticia

Cuando Hope llegó a la oficina al día siguiente, tuvo deseos de gritar. Pero cuando miró la pulsera sobre su muñeca, recordó las Herramientas contra la queja de Joyce e intentó cambiar su perspectiva. No podía olvidar que ayer tuvo que esperar otros 30 minutos hasta que la técnico de ultrasonido se presentó una vez que se hubo marchado Joyce, y lo peor fue que nadie le dijo si la prueba de ultrasonido mostraba algo. Le dijeron que el médico la analizaría al día siguiente y que alguien le daría los resultados del ultrasonido y del análisis de sangre el viernes o el lunes. El análisis de sangre requería más tiempo, le dijeron, y el médico querría tener ambos informes antes de llamarla. «Esta gente actúa de un modo muy despreocupado», pensó Hope. «He esperado horas en el hospital, he faltado al trabajo, y ellos ni siquiera me dan una respuesta. Sin duda, esto no es tan importante para ellos. No es su vida la que está en juego. Ellos ven a cientos de personas como yo cada día. Yo soy sólo un número para ellos.»

Hope advirtió que estaba transitando por el camino negativo. Recordó las Herramientas contra la queja y usó la palabra *pero* para tratar de pensar en algo positivo. «Pero he conocido a Joyce», se dijo. «Ella no me trató como un número. Fue muy amable. Y, como se dice, "ninguna noticia es una buena noticia".» Hope pensó en la regla de Prohibido quejarse. Ayer por la noche, después de salir del hospital, se fue directamente a su casa. Cuando llegó, su hija inició uno de sus habituales ataques, pero Hope apeló a la Regla. Conversó sobre el tema con su familia y todos decidieron probar un día de abstinencia de quejas, y ver si daba resultado. Hope no estaba segura de lo que podría ocurrir, pero sabía una cosa: anoche había surtido efecto con su hija. Si también surtía efecto con los empleados de EZ Tech, pensó, entonces los problemas de la empresa se resolverían. Se le ocurrieron muchas ideas, pero no sabía cómo aplicarlas. Hoy trazaría un plan que tuviera pies y cabeza. Al menos tenía puestas sus esperanzas en ello.

15

Fundamentos de la prosperidad

Dan estaba otra vez sentado en el despacho de Hope cuando ella llegó. Por suerte, había llegado cinco minutos antes sorprendiendo a todos en la oficina. Podía adivinar que Dan estaba allí para hablar de la tarea que le había encomendado y no para charlar un rato. Llevaba trabajando suficiente tiempo con él para reconocer su cara de «necesito respuestas».

—Escucha, Hope, sabes que no me gusta presionar a nadie, especialmente a ti, pero a Jim le preocupa realmente que no puedas entregar el plan que necesitamos. Sólo necesito conocer en qué andas. Me dijo que ayer te había buscado toda la tarde y que no estabas aquí.

—Estaba en la consulta del médico —respondió Hope—. Quizá la próxima vez le pida a Jim que me acompañe para que pueda cogerme de la mano.

—Vale, Hope. Sólo necesito saber si te estás ocupando del asunto.

—Estoy en ello. Se me han ocurrido muchas ideas y...

—Eso es estupendo —la interrumpió Dan—, pero no sólo necesitamos ideas. Queremos un plan. El lunes por la mañana tengo que informar a los medios de comunicación y contarles cuál es nuestro plan, y debo presentárselo al consejo de administración a las dos de la tarde. Necesito saber que lo entregarás. Todos se preguntan si tendrás el trabajo hecho, y yo les he dicho que confío en ti. Y con todo lo que está sucediendo ahora, necesito saber que cuento contigo.

—Puedes contar conmigo —dijo Hope en un tono tranquilizador—. Hoy, mañana y durante todo el fin de semana estaré trabajando en el plan, y lo tendrás el lunes por la mañana.

—Bien, bien, bien. Pero espero que hoy trabajes mucho, porque mañana necesito que pongas al equipo ejecutivo al corriente de tus ideas y que tengas un borrador de tu plan. Además, tendremos que supervisar la retirada y reparación de nuestras baterías. Le he dicho al equipo que estarías preparada, de modo que espero que así sea.

—Lo estaré —repuso Hope, que albergaba la *esperanza* de estar diciendo la verdad.

—¡Excelente! —exclamó Dan y le entregó un libro titulado *Fundamentals of Prosperity* [Fundamentos de la prosperidad], de Roger Babson—. Y mientras trabajas en tu plan, quiero que le eches un vistazo a este libro. Anoche estuve buscando inspiración y lo encontré en mi biblioteca. Hace algunos años que lo leí y ahora he empezado a leerlo de nuevo, porque hay una parte que realmente me interesa porque hace referencia a nuestra situación. Esto es curioso porque fue escrito en la década de los años veinte. El autor relata una entrevista con el presidente de Argentina en la que le pregunta por qué América del Sur, con todas sus maravillas y recursos naturales, todavía va muy a la zaga de Estados Unidos en lo que concierne al progreso y la prosperidad. El presidente argentino reflexiona durante un momento y dice: «He llegado a esta conclusión. América del Sur fue descubierta por los españoles que buscaban oro, pero Estados Unidos fue colonizada por los peregrinos que buscaban a Dios». Esto me hizo pensar en lo que nosotros estamos buscando y cuál es nuestra motivación como empresa. Nos hemos concentrado tanto en el precio de las acciones, en los beneficios y en el oro que hemos ignorado el espíritu y la cultura de nuestra compañía. Como sabes, las grandes compañías y organizaciones tienen una gran energía y espíritu que son alimentados por una cultura y un propósito positivo y, al parecer, nosotros nos hemos alejado de eso. Espero que tu plan aborde este problema y nos ayude a retomar el camino.

Las palabras de Dan sonaron como música a los oídos de Hope. Ella le había estado diciendo estas cosas todo el tiempo. Pero como Hope sabía muy bien, no importa cuántas veces alguien nos diga algo, a menudo necesitamos encontrar la respuesta por nosotros mismos en el momento apropiado. Y, evidentemente, éste era el momento para Dan.

—Mi plan abordará esos aspectos con firmeza y claridad —sentenció Hope—. Esto es como la raíz y el fruto del árbol. A menudo, nos centramos en los frutos (los resultados, los beneficios, el precio de las acciones, etc.). Lo cual es conveniente y natural porque necesitamos cuantificarlos, pues somos responsables de los resultados. Pero si nos concentramos demasiado en los frutos e ignoramos las raíces (nuestro personal, nuestra cultura, nuestra solidaridad y nuestro espíritu), entonces éstas finalmente se secan y el árbol muere. Esto es lo que nos ha sucedido a nosotros. Ignoramos que nuestras raíces estaban podridas y la televisión nacional se ha encargado de revelarlo a millones de personas.

—En eso tienes razón —dijo Dan, que se estremeció al recordar el peor día de su vida profesional. Pero ese estremecimento rápidamente se convirtió en una sonrisa cuando cogió una manzana que estaba sobre el escritorio de Hope. Dan pudo sentir la afluencia de energía. Las cosas estaban cambiando y sintió más confianza en Hope y en su decisión de ponerla a cargo de esta iniciativa. Indudablemente, Jim estaba sembrando su mente de dudas, pero en el fondo él pensaba que Hope estaría a la altura de las circunstancias. Sólo deseaba que el equipo ejecutivo pensara del mismo modo y esperaba que Hope les demostrara que se habían equivocado. Como entrenador de baloncesto, Dan prefería actuar sobre el banquillo, escoger a uno de sus jugadores suplentes e introducirlo en el juego para sorpresa de sus compañeros de equipo. La expresión en el rostro de los jugadores mientras el suplente entraba en la cancha era de una sorpresa total, como la de un ciervo mirando los faros de un coche. Pero, a menudo, ese jugador hacía algo prodigioso que asombraba a todos y ayudaba al equipo a ganar el partido. Después de hacer esto unas cuantas veces, cada jugador estaría mental y físicamente preparado, porque nunca sabrían si su entrenador los pondría a jugar. Y también les proporcionaba una valiosa lección. Nunca dudes de tus compañeros de equipo, porque cuando están bajo presión son capaces de hacer cosas asombrosas. Ahora era el turno de Hope. Aun cuando parecía la persona menos indicada del banquillo, ésta era su oportunidad de salir a jugar y sorprender a todos.

16

Los *bloggers*

Hope y Dan terminaron su discusión hablando de los *bloggers* y de la creación de un plan de acción. Ahora sabían quiénes eran, y Hope se reunió con ellos para tratar la situación. Uno de los *bloggers* parecía claramente arrepentido en su conversación con Hope, y le dijo que sólo pretendía revelar su frustración por la falta de interés que había mostrado la dirección con respecto a su trabajo y el esfuerzo de su equipo. Estaba resentido y sólo quería expresar cómo se sentía, porque pensaba que no había otro modo de ser oído. Pero, desde luego, no esperaba que su *blog* atrajera la atención de los medios de comunicación nacionales y no tenía ninguna intención de perjudicar a EZ Tech, de modo que accedió a cerrar su *blog,* después que Hope le explicó que la compañía iba a tener en cuenta sus inquietudes.

La reunión de Hope con el otro *blogger* no fue tan fructífera. El hombre dijo que EZ Tech se merecía toda la publicidad negativa que estaba teniendo y que él y casi todas las personas que conocía en la compañía no confiaban en la dirección. Incluso después que ella le explicó que estaban elaborando un plan para abordar sus problemas, el hombre se negó a trabajar con ella para buscar soluciones. Dijo que continuaría escribiendo su *blog* y que, si a la compañía no le gustaba, peor para ella. Hope sabía que el *blogger* tenía razón y que muchos empleados habían perdido su confianza en la dirección. Esto había sido un fallo del liderazgo de la compañía, pero también sabía que el hombre debía marcharse. Estaba demasiado centrado en el pasado y poco dispuesto a avanzar.

A Hope no le gustaba tener que despedir a alguien, pero sabía que en el proceso de desarrollar una cultura positiva debía deshacerse de algunos vampiros de la energía, como ella les llamaba. Cada año EZ Tech debía hacer esto. En este sentido, recordó haber leído un informe sobre un hospital que se veía obligado a despedir a algunos médicos negativistas cada año y en el proceso mejorar la moral y los beneficios. En realidad, esos médicos estaban ahuyentando a un gran número de pacientes. Después de la experiencia que tuvo ayer en el hospital, esto no la sorprendió en absoluto. También sabía que el jefe de ventas, Robert, tenía que despedir cada año a algunos de sus vendedores y empleados del servicio al cliente porque eran negativistas. Robert siempre decía que una sola persona no puede formar un equipo, pero puede destruirlo. Las personas negativistas pueden ahuyentar a todos los clientes que uno tenga. Es bastante difícil tener éxito en el mundo actual y nadie desea que las influencias negativas le impidan crecer.

Las cartas de despido siempre serán necesarias, pensó Hope, pero debía haber un mejor modo de abordar el negativismo. «Después de todo, no importa de cuántos empleados negativistas nos liberemos, siempre habrá otros que ocuparán su lugar. Siempre tendremos que lidiar con estos empleados. Por eso, necesito dar con un mejor modo de ata-

Los bloggers

jar el negativismo, antes de que nos ataque a nosotros», se dijo a sí misma. Ella sabía que la respuesta sería la clave para su plan, pero lo que no sabía era que vendría de una fuente totalmente inesperada e improbable.

17

El jardinero

Después de un día muy productivo, Hope llegó a su casa con la impresión de que su plan empezaba a tener pies y cabeza. Todavía le faltaban algunos detalles, pero intentaría abordarlos esa noche después de cenar con sus hijos. Antes de entrar en la casa, se detuvo a conversar con el jardinero, que estaba aplicando una mágica mezcla orgánica en su césped. Apenas podía permitirse pagar a un jardinero, pero estaba harta y cansada de pedirle a gritos a Jack que cortara el césped y, además, las multas del vecindario por un jardín descuidado eran más costosas que pagar a alguien para que se hiciera cargo de él. Había maleza por todas partes y era necesario hacer algo. A petición de Lauren, decidió acudir a un servicio de limpieza que no usaba productos químicos ni pesticidas. Hope había recibido el estímulo inicial de su hija. La mayoría de los padres temen que sus hijos se metan en líos, pero a su hija sólo le interesaban las iniciativas medioambientales, el calentamiento global y las emisiones de carbono. Lauren se oponía inflexiblemente al uso de productos químicos tóxicos.

Hope le dio unas palmaditas en la espalda al jardinero, que estaba agachado mirando el césped. El hombre cogió algunos trozos y se los mostró.

—Está ocurriendo exactamente como le dije.

—Sí. A propósito —comentó Hope—, me he preguntado cómo diablos puede eliminar la maleza e impedir que destruya mi césped sin utilizar productos químicos, cuando todos mis vecinos los usan para tratar su césped.

—Como puede ver, yo tengo un enfoque muy diferente. Lo que hago es tratar el césped con una mezcla orgánica que crea un medio donde el césped puede crecer fuerte y sano. Luego se extiende hasta el punto en que desaloja las malas hierbas, y éstas no tienen dónde crecer. *Todo consiste en el medio.* Al principio, requiere un poco más de tiempo y esfuerzo, pero una vez que usted consigue un césped sano y fuerte, se propaga y luego tiene un jardín vigoroso y admirable. Hace todo mucho más fácil y, además, es más barato. En vez de gastar todo el dinero en productos químicos, usted simplemente sigue manteniendo un medio ambiente saludable.

Hope no pudo contener su entusiasmo. Abrazó al jardinero y le llamó genio. Nadie le había llamado así antes. Quizá «bicho raro», por poner ajo en el césped de un cliente, pero genio, nunca. Sin embargo, le gustó cómo sonaba. Y para Hope era un genio porque le había proporcionado la pieza que le faltaba a su rompecabezas, una pieza clave para la primera parte de su presentación.

18

Viernes

Era viernes y Hope debería estar agotada. Pero no lo estaba. Se sentía más animada de lo que se había sentido en todo el año. Se sentía animada porque todos los elementos de la presentación, como por arte de magia, quedaron ensamblados a la una de la mañana, y le entusiasmaba compartirlos con el equipo ejecutivo. Además, estaba emocionada porque ella, Lauren y Jack habían pasado juntos otra maravillosa noche. Pensó en ellos mientras estaba sentada en su oficina y sonrió al recordar que Lauren había pintado un póster con las palabras «Prohibido quejarse» y lo había colgado en la puerta de su habitación. «Debería hacer eso aquí, en el trabajo», pensó Hope, y sonrió aún más.

El segundo día de su Abstinencia de quejas transcurrió muy bien, y en la cena acordaron intentarlo durante una semana. «¿Una semana entera? ¡Sí!», dijo Jack en voz alta, mientras agitaba su puño en el aire. Cuando Hope les preguntó a sus hijos si estaban a gusto con la Abstinencia de quejas, Lauren dijo que era feliz de ver a su madre sonreír nuevamente y conversar sobre cosas positivas, y Jack dijo que también estaba contento, porque ya no tenía que oír discusiones entre su madre y su hermana. Sin embargo, Hope sabía que la regla de Prohibido quejarse les gustaba por una razón mucho más importante. Las cosas estaban empezando a ser normales otra vez y ellos podían percibirlo. Sólo deseaban que su vida volviera a ser como había sido. «Aunque no pueda hacer que las cosas sean exactamente del modo que fueron, al menos puedo darles lo mejor de mí misma», pensó Hope. Se acercó a su biblioteca y cogió un libro que la había inspirado hacía algunos años. Le encantaba coger un libro del estante, abrirlo al azar y leer la página que había abierto. Ella pensaba que cualquier cosa que leyera allí sería apropiada para ella, y esta oportunidad no fue la excepción. El libro decía:

Siga siendo positivo
Es fácil ser positivo cuando todo en la vida va sobre ruedas. Lo difícil es seguir siendo positivo cuando uno es criticado y tratado con desconsideración. Lo cierto es que en la vida todos somos puestos a prueba. Si analiza la historia, los deportes y el mundo empresarial, descubrirá que todos los grandes líderes y equipos han tenido que superar la adversidad y los retos para alcanzar el éxito y definirse a sí mismos. Con tantas personas que nos dicen que no podremos lograrlo, tenemos que ser positivos y creer que somos capaces. Necesitamos tener fe y confianza en un plan importante para nosotros y nuestro equipo. El concepto de «éxito repentino» es un mito. La vida es una prueba; y un factor decisivo del éxito o el fracaso es la respuesta a la siguiente pregunta: «¿Seguirá siendo positivo frente a sus dudas, temores y retos?» Ser positivo no significa esbozar una sonrisa falsa o creer que puede hacer todo sin ayuda. Quiere decir

Viernes

ser optimista, vivir con esperanza y tener fe. La medida de nuestro éxito no está determinada por cómo actuamos durante los buenos momentos de nuestra vida, sino por cómo pensamos y respondemos a los retos en los momentos más difíciles.

Esta lectura le hizo pensar en los retos que le aguardaban. Ella no deseaba que los resultados de los análisis médicos descarriaran otra vez a sus hijos. Se prometió que, ocurriera lo que ocurriera en el trabajo o en el hospital, ella seguiría siendo positiva con sus hijos y consigo misma. «Fracasé una vez y no puedo fracasar de nuevo», se dijo. Entonces pensó en Joyce, en quien había estado pensando mucho durante los dos últimos días, y en ese momento sonó el teléfono. Era ella.

—Estaba pensando en usted —le dijo Hope.

—No me sorprende —respondió Joyce—. Oiga, acerca de los resultados...

El corazón de Hope empezó a latir aceleradamente.

—Lo siento. Todavía no los tenemos, pero quería que supiera que estoy pensando en usted y rezando por usted. El lunes tendremos los resultados definitivos, de modo que pase por aquí y siga siendo optimista.

—Sin duda lo seré —dijo Hope—. Esto no es fácil, pero lo estoy logrando. Gracias por la pulsera. Me ayuda mucho. A propósito, también hemos estado haciendo la Abstinencia de quejas con mis hijos y, sorprendentemente, surte efecto.

—Desde luego —dijo Joyce riendo—. Surte efecto con todos. También inténtelo en las reuniones de familia. Consigue milagros en el día de Acción de Gracias, y ya sabe la cantidad de personas que se quejan en el día de Acción de Gracias. ¡Es una locura! Surte efecto en todas partes, porque todos se quejan, y el noventa por ciento de esas quejas son sólo parloteo sin sentido. Puro parloteo. Recuerde, Hope, concéntrese en la solución, no en el problema y encarne el cambio. El cambio empieza con usted.

—Estoy en el camino positivo —dijo Hope.

—Ésa es mi chica —afirmó Joyce—. La llamaré el lunes con buenas noticias. Estoy deseando tener buenas noticias —la alentó Joyce, mientras colgaba el teléfono.

Hope no había tenido buenas noticias en mucho tiempo y entonces decidió que merecía tenerlas. Sí, en realidad merecía tener algunas buenas noticias. Después del año más doloroso y difícil de su vida, ella estaba preparada para toda clase de buenas noticias. Y las buenas noticias empezaban con la presentación de hoy. Cogió su ordenador portátil y su bolso y se dirigió a la sala de reuniones con la confianza y la determinación necesarias para hacer frente a algunos quejicas profesionales.

19

La reunión

Los sospechosos habituales estaban allí: Dan, Jim, Ken, Wayne y Robert, que había vuelto de su reunión en el extranjero. Fue una sorpresa agradable ver a Robert y su semblante risueño. Cada vez que la veía, le dedicaba una sonrisa y una palabra amable. Hope pensaba que tenía un gran parecido con Dan y que, si éste alguna vez decidiera asumir un papel menos activo en la compañía, Robert sería la persona indicada para sucederlo como consejero delegado. Después de todo, a pesar de todos los problemas de moral y negativismo, Robert había logrado mantener unido y con talante positivo a su equipo de ventas. Les dijo a los miembros de su equipo que ellos no podían controlar el problema de las baterías ni el hecho de que existieran dificultades operativas y organizacionales, pero podían continuar desarrollando relaciones con sus clientes y seguir satisfaciendo sus necesidades. Él creía en el principio de «hacer todo lo que sea necesario» para servir a sus clientes y lo predicaba constantemente a sus empleados de ventas y servicio al cliente. Robert sabía que, si bien el producto es importante, siempre hay que tener en cuenta a las personas y sus relaciones. Su misión era reclutar a las personas apropiadas y procurar que fueran positivas y dinámicas. Y la tarea de su equipo de ventas era seguir desarrollando relaciones leales con sus clientes y servirlos.

Hope le sonrió y Robert le devolvió la sonrisa, lo cual era un buen signo porque, mientras ella paseó la mirada por la sala, Jim apenas reparó en ella. Simplemente permaneció allí, meneando su cabeza cuando ella abrió su ordenador y reunió sus notas. Al comienzo de la reunión, Dan le dio las gracias a Hope por todo el esfuerzo que había realizado para preparar la información que estaba a punto de compartir en ese crítico momento. Luego le dijo:

—¡Adelante! Te escuchamos.

20

Los principios positivos

Hope empezó la reunión con una pregunta:
—¿Por qué las personas no son más positivas?
Nadie parecía tener una respuesta y algunos se preguntaron adónde quería llegar.
—Creo que estamos de acuerdo en que todo el mundo necesita ser más positivo —continuó—. Y, sin embargo, muy pocas personas lo son. He estado pensando mucho en el tema y creo que la razón es que no hemos hecho de esto un hábito. La mayoría de nosotros no tenemos hábitos positivos arraigados, no llevamos a cabo acciones positivas ni pensamos positivamente en nuestras vidas. De modo que, cuando afrontamos problemas, dificultades y estrés, tomamos el camino negativo, en vez de elegir el camino positivo. Bien, lo mismo sucede con nuestra compañía. Todos queremos una compañía productiva y positiva. Leemos todos los nuevos libros e investigaciones que demuestran que las personas, las interacciones y las culturas laborales positivas producen resultados positivos. Y, sin embargo, tenemos que preguntarnos: ¿por qué no hay más personas en nuestras oficinas que sonríen a sus compañeros, cantan «Kumbaya» y aman sus empleos? ¿Por qué hay personas que se sienten más cansadas el lunes a las nueve de la mañana que

en cualquier otro momento? ¿Por qué el negativismo les cuesta a las compañías trescientos mil millones de dólares cada año, de acuerdo con la Organización Gallup? ¿Y por qué tantas compañías tienen problemas de moral y productividad?

Nadie tenía una respuesta, pero ahora todos estaban prestando atención.

—La respuesta es ésta: las compañías positivas y prósperas con culturas y empleados positivos han sido creadas como todo lo demás, valiéndose de un conjunto de principios, procesos, sistemas y hábitos que están arraigados en la cultura empresarial y en cada empleado. Las compañías positivas no nacen. Se desarrollan. Por lo tanto, hablemos de los principios clave. —Hope pulsó una tecla de su ordenador y apareció la primera diapositiva de su presentación.

Una cultura y un entorno positivo son esenciales

—Esto no ocurre por ósmosis —continuó ella—. Ocurre cuando nos centramos permanentemente en nuestra cultura y en la erradicación del negativismo. Como dijo Dan el otro día, el problema es el negativismo, y tendremos que deshacernos de nuestros empleados negativistas que afectan a nuestra productividad.

—Como los *bloggers* —intervino Jim burlonamente—. Tendríamos que haberlos despedido a los dos, no sólo a uno de ellos.

Hope lo miró directamente.

—No, Jim. Verás, la mejor manera de abordar el negativismo es crear una cultura positiva donde las actitudes negativas no puedan prosperar ni sobrevivir. De lo contrario, pasarás todo tu tiempo luchando contra el negativismo, en lugar de cultivar una cultura positiva.

Hope mostró la segunda diapositiva.

Se requiere un liderazgo positivo

—Para desarrollar una cultura positiva, necesitamos un liderazgo positivo. Esto debería ser una prioridad —dijo Hope mirando a Jim—. Hay que reconocerlo, hemos traído conferenciantes para hablar de esto, y muchos de nosotros ni siquiera asistimos a sus charlas. Nuestros empleados estaban entusiasmados, pero nosotros no insertamos en el ADN de la compañía las buenas ideas que ellos oyeron. La energía positiva fluye de arriba abajo en nuestra organización. Surge en forma gradual y se extiende lateralmente, pero fluye de arriba abajo. El liderago positivo es esencial —insistió mientras Jim ponía los ojos en blanco. Hope pasó a la siguiente diapositiva.

El secreto para ganar

—En lo que respecta al desarrollo de una compañía de éxito, no hay ningún debate entre lo innato y lo adquirido. Todo es adquirido. Inexorablemente, debemos hacer de nuestra cultura y nuestro personal una prioridad en todos los niveles de nuestra organización. Esto es como la raíz y el fruto de un árbol. La raíz es nuestra cultura, debemos centrarnos en nuestro personal y en nuestro espíritu. En lugar de centrarnos tanto en los frutos (los beneficios, el precio de las acciones y las cifras), alimentemos constantemente nuestras raíces. Si lo hacemos, estaremos muy satisfechos con nuestros frutos.

—Pero nosotros somos una empresa —argumentó Jim—, ¿cómo puedes decir que no deberíamos centrarnos en las cifras? Somos una sociedad que cotiza en bolsa. Nos evalúan por nuestras cifras.

—Ésa es una buena observación —dijo Hope—. Yo no estoy diciendo que no deberíamos medir nuestro éxito. Desde luego que tenemos que considerar las cifras, pero no deberían ser nuestra prioridad. Dado que las personas producen las cifras, ellas deberían ser nuestra prioridad. Y, si nos concentramos en ellas, producirán las cifras que deseamos.

Dan sonrió y asintió con la cabeza, mientras terciaba en la conversación.

—Has dado en el clavo, Hope. Ésa es la misma filosofía de mi mentor John Wooden. El legendario entrenador de baloncesto de la UCLA nunca se centró en ganar. Se centró en desarrollar a sus jugadores; en mejorar sus principios, sus competencias y el espíritu de equipo. Se centró en las personas, no en los resultados y, por consiguiente, salió ganando. Desde luego, la meta de todas las personas y equipos de éxito es ganar. Pero ganar sólo es una meta y no la prioridad. El éxito es un producto secundario del esfuerzo, el liderazgo, el entrenamiento, el espíritu de equipo y la energía positiva. Éste es el secreto para ganar. Por favor, continúa —la instó Dan, mientras Jim desviaba la mirada, disgustado.

La confianza debe penetrar en la organización

—La pregunta crucial —prosiguió Hope— que se hacen nuestros empleados y clientes es: *¿puedo confiar en usted y soy importante para usted?* Francamente, nuestro personal ya no confía en nosotros, y vemos el efecto que ello tiene en todos los problemas que estamos afrontando.

—Entonces, ¿qué deberíamos hacer? ¿Cogerlos de la mano y decirles que los amamos? —preguntó Jim mientras todos reían.

—Si eso es necesario... —respondió Hope—. O simplemente podemos decirles lo que vamos a hacer y hacer lo que les decimos. Si lideras con la verdad, el éxito está asegurado. Y para introducir la verdad y la energía positiva en toda la organización, debemos comunicar y comunicar. Lo cual me remite al siguiente principio.

Llenar el vacío con una comunicación positiva

—Como explicó Dan, también debemos continuar llenando los vacíos para que el negativismo no prospere —continuó Hope—. Esto se logra a través de la comunicación y las interacciones positivas. Pero no podemos dejar que esto ocurra por casualidad. Necesitamos incorporarlo en nuestros procesos cotidianos. Por ejemplo, deberíamos crear un informe diario y publicarlo en la intranet para comunicar todos los aspectos de nuestra empresa a los empleados. Como líderes necesitamos hacer un mayor esfuerzo de escuchar a nuestro personal y asignarle la responsabilidad de crear soluciones. Necesitamos elogiar más a nuestros empleados, en lugar de desalentarlos siempre. La clave es el poder de las interacciones positivas. De hecho, la investigación pionera de John Gottman reveló que los matrimonios suelen tener mucho más éxito cuando la pareja experimenta una relación de cinco interacciones positivas por cada interacción negativa; mientras que, cuando la relación es de una interacción positiva por cada interacción negativa, es más probable que el matrimonio termine en divorcio. Además, otras investigaciones muestran que los grupos de trabajo con más de tres interacciones positivas por cada interacción negativa son significativamente más productivos que los equipos que no alcanzan esta proporción.

—¿Estás diciendo que nunca deberíamos llamar la atención a un empleado por su mal desempeño? Eso es ridículo —protestó Jim.

Wayne también aportó su opinión.

—Así que, según tú, ¿no deberíamos decir que una idea es estúpida cuando nos parece estúpida?

—No, de ningún modo —respondió Hope—. Desde luego, tendremos interacciones negativas. Un estudio de Barbara Fredrickson de la Universidad de Michigan muestra que, si un grupo de trabajo en una compañía experimenta una relación de trece interacciones positivas por cada interacción negativa, el grupo será menos eficaz. Esto significa que nadie está dispuesto a afrontar los problemas y desafíos

Los principios positivos

reales que les impiden crecer. A veces necesitamos afrontar una situación para superarla y, como sabemos, ignorar los problemas que saltan a la vista no surte efecto. Las interacciones negativas son necesarias, siempre y cuando no ocurran mucho más a menudo que las interacciones positivas. Después de todo, nosotros no queremos una relación de uno a uno, que nos conduciría a una alta tasa de divorcio con nuestros empleados. Sabemos cuánto nos cuesta la rotación de personal. Y esto nos remite al principio final que quisiera compartir con todos vosotros.

Concentrarse en la solución y la innovación

—Con una cultura positiva que propicia la interacción positiva —prosiguió Hope—, podemos usar nuestra red de comunicación para estar centrados en las soluciones e innovaciones. Podemos escuchar a nuestros empleados y alentarlos a compartir sus ideas con nosotros. Esto incluye sus quejas. Si los escuchamos y aceptamos sus ideas, llegaremos a ser una compañía que aprovecha la capacidad de su personal. Estaremos en condiciones de transformar las ideas en innovaciones ingeniosas, y convertiremos los problemas y las quejas en soluciones.

21

Preguntas

—Magníficos principios —dijo Wayne, con un aplauso—. Pero ¿dónde está el meollo? ¿Dónde está el plan de acción? ¿Para qué sirve un buen principio si no podemos aplicarlo?

—En realidad, ¿para qué sirve una estrategia o un plan de acción si no sigue un principio rector? —replicó Hope—. Una vez que se tienen los principios establecidos, entonces podemos aplicar las estrategias, acciones y procesos de acuerdo con esos principios. Si seguimos los principios rectores, podemos identificar soluciones para mejorar nuestra cultura en todos nuestros departamentos y divisiones empresariales, tanto en el sector de recursos humanos como en las áreas de ventas, servicio al cliente, producción, etcétera. Intento ayudar a cada uno de vosotros a conseguir esto en vuestros diferentes departamentos, de modo que podamos infundir una energía positiva en nosotros mismos y en todo lo que hacemos. Pero, por ahora, quiero proponeros una solución que todos podemos aplicar en cada división, incluso Ken en el área de producción, y se llama la regla de Prohibido quejarse.

Jim y Ken se miraron con perplejidad; no estaban seguros de si ella estaba hablando en serio. Wayne habló con ruda franqueza, como siempre.

—Me has convencido por un rato, Hope, pero ahora me desconciertas. ¿Hablas en serio?

—Completamente en serio —dijo ella.

—En realidad, me gusta eso —intervino Jim—. Por una vez Hope y yo estamos de acuerdo. Estoy cansado de oír a nuestros empleados quejarse por todo. Pongamos un fin a las quejas de todos.

Dan, por otro lado, optó por permanecer en silencio y observarlo todo, dejando que cada persona hablara.

—Tengo que saber algo más antes de juzgar —dijo Robert.

—Esto no es exactamente lo que pensáis. Creo que esa Regla será un elemento clave para transformar nuestra cultura.

—Entonces, ¿qué es exactamente la Regla? —preguntó Dan.

—Sólo eso —dijo Hope—. Aún no he perfilado los detalles, pero desde este momento y durante todo el fin de semana me dedicaré a implementar el plan para que puedas presentarlo al consejo de administración el lunes.

—A ver si me aclaro —terció Jim—. Tú tienes esta gran idea que es clave para nuestro futuro, pero aún no tienes el plan para aplicarla. Estupendo. Ahora puedo verlo. Tendremos empleados que se quejarán en sus *blogs* de la regla de Prohibido quejarse.

Todos se rieron, excepto Dan y Hope. Ella no abrió la boca. Sabía que tenía la armazón del plan. Sólo que todavía no estaba completado. Sabía que si compartía una parte del plan sin haberlo explicado completamente, sería interpretado mal y desechado. Estaba segura de que el lunes podría

Preguntas

entregar un plan y esperaba ver a Jim aceptar la derrota. Pero Dan experimentaba emociones confusas. Por un lado, parecía un poco ansioso con lo que ella planeaba. Por otro lado, estaba profundamente impresionado con los principios que Hope les había expuesto y confiaba en que ella encontraría una solución. Dan salió en su defensa.

—Pienso que Hope está bien orientada. Espero escuchar su plan sobre cómo puede aplicar esto a nuestra compañía —dijo mientras le estrechaba la mano—. Venga un aplauso por su gran presentación y sus buenas ideas.

Algunos aplaudieron de mala gana. Jim sonrió, pero no fue por las razones obvias. Fue porque ansiaba que llegara el lunes para verla fracasar y que la pusieran en el lugar donde él pensaba que debería estar. Lejos de EZ Tech.

22

Más tráfico

Hope condujo hasta su casa sin poder librarse de los acostumbrados atascos de tráfico. Pero esta vez no se iba a quejar de los conductores despistados. Ahora estaba contenta de que su presentación hubiera sido un éxito. Sin embargo, su satisfacción pronto se convirtió en temor e inseguridad cuando pensó en un plan real de aplicación de la regla de Prohibido quejarse. Todas las cosas siempre parecen excelentes en teoría, pensó. «He visto disertar a muchos expertos en liderazgo y catedráticos de administración como para saber que las teorías e ideas no siempre se traducen en prácticas empresariales eficaces ¿Qué pasará si no puedo traducir esta gran idea de Prohibido quejarse en un proceso real que surta efecto? ¿Qué sucederá si esto sólo es aplicable a nivel personal, pero no se puede implementar en un contexto empresarial? ¿Qué pasará si no puedo conseguir que las personas lo lleven a cabo? ¿Qué ocurrirá si esto se convierte en el chiste de la compañía, o algo peor?» Las dudas le daban vueltas en la cabeza. Pensó en Jim, y al recordar su expresión, se sintió molesta e irritada y más decidida a conseguir que el plan fuera operacional.

Cuando llegó a casa, Lauren estaba fuera con dos de sus mejores amigas, todas vestidas para el baile de bienvenida.

«¡Lo que me faltaba!», pensó Hope. Cuando eran niñas, ella las llamaba los tres mosqueteros, pero ahora las llamaba las tres quejicas. Al descender del coche, se preparó para el ataque. Pero la única respuesta que recibió fueron sonrisas, saludos y abrazos. Fueron cariñosas y amables. Hope se preguntó si habrían estado bebiendo, aunque no notó nada sospechoso, gracias a Dios. Más tarde, descubrió que estaban rebosantes de felicidad y optimismo. Lauren les había hablado a sus amigas de la regla de Prohibido quejarse y todas habían decidido ser más positivas. De hecho, se habían comprometido a ser las chicas más positivas de la escuela. Y su meta era compartir la Regla con toda su escuela. Cuando Hope oyó la noticia su temor de no ser capaz de aplicar la Regla en un ambiente empresarial se disipó. Vio cómo Lauren y sus amigas se habían contagiado de la idea. Así como MySpace y Facebook han sido adoptados tanto por jóvenes como por adultos, incluso en el ámbito empresarial, ella pensó que ocurriría lo mismo con la regla de Prohibido quejarse. Sólo tenía que imaginar cómo aplicarla a su compañía, para que pudiera extenderse y operar su magia. «Jim está derrotado», pensó «¡Derrotado!»

23

Domingo

Era domingo y Hope asistía al servicio en la iglesia. Mientras miraba a su alrededor, no estaba segura de lo que estaba haciendo allí. Había dejado de ir a la iglesia después que su esposo se marchó el año pasado. En ese momento, se sentía abandonada, resentida y agraviada. Ésa no era la vida que esperaba para ella. Creía que si una persona tenía fe, entonces la vida sería armoniosa y feliz. Pero en un momento su vida cambió radicalmente. Y en ese instante decidió que si Dios había permitido que su vida se destruyera, entonces seguiría sin su ayuda. Después de todo, si Dios no estaba de su lado, ¿por qué iba a creer en él? Sin embargo, allí estaba ella sentada en la iglesia otra vez. No sabía qué la había llevado allí. Después de levantarse y tomar el desayuno, se vistió, condujo su coche hasta la iglesia y se sentó. Ni siquiera había pensado en eso. Fue como si hubiera sido conducida hasta allí por alguna fuerza invisible. Y mientras sonaba la música y Hope entonaba un himno religioso, sintió que le brotaban las lágrimas y experimentó una sensación familiar en su corazón.

El pastor comenzó su disertación con una historia del Antiguo Testamento. Citó el pasaje de la Biblia donde los israelitas inician el Éxodo desde Egipto, conducidos por Moisés.

Contó cómo habían pasado 400 años como esclavos cautivos, y de repente se habían liberado. Al principio estaban entusiasmados y felices. Pero un mes y medio después empezaron a quejarse del hambre que padecían. Se quejaban de no tener suficiente agua. Se quejaban de vivir en el desierto. Incluso dijeron que sería mejor volver a Egipto y dejar de ser esclavos liberados en el desierto. Después de cuatro siglos de esclavitud, sólo necesitaron un mes y medio para empezar a lamentarse nuevamente. Al final, dijo, Dios se sintió tan frustrado con todas las quejas que los amenazó con su propia existencia. Hope sonrió y pensó: por lo visto, Dios es un gran aficionado a la regla de Prohibido quejarse. Por supuesto, ella sabía exactamente por qué estaba allí. Este mensaje era para ella.

El pastor continuó:

—Esta historia representa la opción que todos tenemos: ser positivos y libres o ser prisioneros de nuestro propio negativismo. Vivir en el pasado o estar llenos de esperanzas en el futuro. Ésta es una elección y solamente ustedes pueden hacerla.

Hope pensó en su vida y reconoció que había tenido varias opciones a lo largo del año. Vio que había sido prisionera de todos en el trabajo y de su familia en el hogar. Pero ahora estaba haciendo las elecciones correctas nuevamente. Sabía que la Regla era una buena elección para sí misma. Sólo esperaba que fuera la opción correcta para su compañía.

24

Lunes

Cuando Hope entró en el edificio donde trabajaba, sabía que necesitaría recordar la lección que había aprendido el domingo. En su camino hacia el ascensor, pasó junto al guardia de seguridad y lo saludó con una gran sonrisa, que él le devolvió. Siguió caminando y luego se detuvo de repente y volvió sobre sus pasos.

—¿Sabe una cosa?, ni siquiera conozco su nombre.

—Muy amable de su parte —dijo el hombre—. Me llamo Walter.

—Bien. Hola, Walter —dijo Hope mientras le dedicaba otra gran sonrisa y siguió su camino para reunirse con el equipo ejecutivo.

Dan estaba preparándose para exponer su plan de tres puntos por teléfono a los medios de comunicación, y luego Hope presentaría la regla de Prohibido quejarse al equipo ejecutivo. Se había emocionado cuando Dan la llamó durante el fin de semana para hacerle saber que iba a exponer a los medios de comunicación los principios positivos que ella había explicado como parte del plan de tres puntos. También le dijo que esperaba oír su plan sobre la Regla y le recordó que, probablemente, él compartiría una perspectiva general con el consejo de administración a las dos de la tarde. Hope sintió la presión, pero estaba preparada. Preparada para compartir un método eficaz de abordar el negativismo en el trabajo. Preparada para hacerle morder el polvo a Jim. Preparada para mostrar al equipo ejecutivo que ella se había recuperado y que estaba más fuerte que nunca. Preparada para ayudar a Dan a salvar EZ Tech. Preparada para hacer de su compañía un lugar más positivo, y preparada para demostrarse a sí misma que podía hacer una gran contribución. Estaba tan concentrada en ofrecer una presentación impecable que ni siquiera había pensado en los resultados de sus análisis médicos. Había olvidado completamente que hoy era el día en que tendría buenas o malas noticias sobre los análisis.

25

Hope comparte la regla de Prohibido quejarse

Delante del equipo ejecutivo, Hope paseó la vista por el salón. No podía decir si estaban sonriendo porque Dan había hecho una presentación perfecta a los medios por teléfono o porque ella y su regla de Prohibido quejarse les causaban gracia. De todos modos, Hope decidió que si ellos querían sonreír ella les ofrecería algo para que lo hicieran.

Antes de empezar su presentación, miró a Jim y dijo:

—Mira, Jim, durante mi presentación no quiero oír ninguna queja. La regla de Prohibido quejarse ha entrado en vigor. —Todos se rieron, y Hope continuó con una introducción inspiradora. Consideró el coste del negativismo y por qué era esencial desarrollar una cultura positiva. Expuso su teoría de que los imbéciles y los vampiros de energía son perjudiciales en una organización, pero afirmó que una forma mucho más peligrosa de negativismo son las quejas que crecen como un cáncer. Reiteró los temas que había compartido el viernes y señaló por qué era esencial prevenir y abordar el negativismo. Luego explicó la Regla.

> No se permitirá que los empleados se quejen injustificadamente a sus compañeros de trabajo. Si tienen un problema o una queja acerca de su empleo, su compañía, su cliente o cualquier otra cosa, deben ser alentados a plantear el asunto a su gerente o a alguien que se encuentre en posición de poder abordar el problema. Sin embargo, los empleados también deben compartir una o dos posibles soluciones a su queja.

Hope pensaba que un empleado nunca debería quejarse a alguien que no es capaz de ayudarle con una solución. Las quejas injustificadas no tienen ningún propósito y solamente sabotean la moral y el rendimiento. Las quejas sin fundamento alimentan el negativismo y afectan desfavorablemente a la persona que se queja y a la que escucha la queja. Mientras todos inclinaban la cabeza en señal de asentimiento, ella dijo que, si alentaban a los empleados a pensar en las posibles soluciones a sus quejas, ellos llegarían a ser capaces de resolver los problemas por sí mismos, en lugar de compartirlos. Ya no serían simplemente los pasajeros del autobús, sino los conductores. Dejarían de lado las conductas negativas para conducir a la compañía por el camino positivo que llevaba al éxito. El resultado será una plantilla de conductores donde cada persona tiene la capacidad de producir un cambio positivo.

Hope aclaró que la *confianza* es un componente significativo de la regla de Prohibido quejarse. Los líderes y gerentes deben fomentar la confianza de sus empleados, de tal modo que éstos no tengan reparos en compartir sus quejas e ideas con ellos.

—Si vamos a prohibir las quejas sin fundamento, entonces es esencial que proporcionemos los medios y el proceso de comunicación para que nuestro personal comparta sus quejas, ideas y soluciones. Nuestros empleados deben saber que los escuchamos, que nos preocupamos por ellos y que consideraremos seriamente sus ideas. Si queremos desalentar las quejas y las conductas negativas, entonces debemos hacer todo lo posible para alentar la conducta y la comunicación positivas. Por esa razón, son tan importantes los principios que el viernes he compartido con ustedes. Sin ellos la Regla no surtiría efecto.

Luego expresó su convicción de que la Regla sería muy eficaz porque es una idea contagiosa que puede ser fácilmente incorporada en la cultura y los hábitos de cada empleado, y alienta las soluciones positivas que neutralizan la energía negativa.

—A medida que desarrollemos este proceso, el personal comprenderá que en cada queja hay una solución que espera ser descubierta. Esto nos hará más fuertes, más eficaces y más prósperos, influirá en cada área de nuestra empresa y creará soluciones en la logística, las operaciones, el servicio al cliente, las ventas, etcétera.

—Pero ¿sabemos con seguridad si esto surtirá efecto? —preguntó Jim.

—No, no lo sabemos. Pero creo que vale la pena hacer el intento. ¿No te parece? —dijo Hope mientras se miraban fijamente.

—¿Estás dispuesta a apostar tu empleo por esto? —le preguntó Jim.

Hope reflexionó por un momento mientras su corazón empezaba a latir con violencia y se le secaba la garganta. Después de un silencio que parecía una eternidad, ella respondió:

—Sí, lo estoy. Estoy dispuesta a apostar mi empleo. ¿Y tú estás dispuesto a apostar el tuyo a que esto fracasará?

Él recorrió la sala con la mirada, mientras se movía incómodo en su silla.

—No, no lo estoy —dijo. Esto sorprendió a todos los presentes. Estaban sorprendidos por el modo en que Hope había encarado a Jim y aún más sorprendidos por la reculada de éste.

A Dan no le interesaba el enfoque que tenía Jim del personal, pero también sabía que era importante tenerlo en el equipo ejecutivo. Jim solía llevar la contraria en todo y siempre hacía de abogado del diablo. Nunca cuestionó la autoridad de Dan en público, pero, en privado, siempre objetaba sus decisiones. Dan reconocía que necesitaba a alguien como él en su equipo. No siempre seguía su consejo, pero sabía que el estilo de Jim le ayudaba a tomar mejores decisiones. Sin embargo, decidió que debía tener menos influencia en la cultura y el personal de su organización. Sabía que las virtudes de Jim y el desarrollo de un equipo positivo eran incompatibles. Por lo tanto, lo usaría para ayudar a la organización en áreas diferentes.

—Entonces, ¿cómo ponemos en práctica tu plan? —preguntó Jim.

Hope le sonrió y luego se dirigió a todos los demás.

Hope comparte la regla de Prohibido quejarse

—También tengo un plan para esto —repuso—. Ésta es la parte sobre la que quería reflexionar durante el fin de semana, y ahora tengo algunas respuestas.

En efecto, Hope tenía respuestas, pero necesitaría el compromiso de todos en el equipo ejecutivo y en la organización para que el plan tuviera éxito.

26

La aplicación

—He creado un Plan de Acción para que lo siga cada uno de nosotros —dijo Hope. (El Plan de Acción se puede encontrar al final del libro)—. Cada uno de nosotros se reunirá con los líderes y gerentes de nuestros departamentos y divisiones. Luego instruiremos a cada gerente para que se reúna con su equipo hasta que todos en la organización tengan una idea clara de nuestro enfoque, nuestro principio fundamental y nuestro plan. Además, les daremos a todos en la compañía una tarjeta con las tres Herramientas contra la queja —continuó mientras entregaba a cada miembro del equipo ejecutivo una tarjeta como la que Joyce le había dado a ella.

»Luego designaremos una semana como la Semana sin quejas —prosiguió—. El propósito de esta acción es tener un poco de diversión y ayudar al personal a comprender nuestro plan y tomar conciencia de sus propias quejas y pensamientos negativos. Y, lo más importante, insistiremos a todos en la organización en que todavía necesitamos quejas justificadas para ayudarnos a desarrollar soluciones innovadoras.

»Cada director y cada gerente debe confeccionar una lista de quejas y soluciones presentadas por sus empleados y les enseñaremos a implementar soluciones obvias dentro de su competencia y control. En cuanto a las sugerencias que no se pueden resolver inmediatamente o que no están dentro de su competencia y control, se presentarán en las reuniones de gerentes o en las reuniones trimestrales. Como podéis ver, llegaremos a ser una compañía que convierte las quejas en soluciones; una compañía que escucha las ideas, las sugerencias y las soluciones de su personal, y, en consecuencia, seremos una mejor organización. Y con esto concluyo mi presentación.

Su equipo le tributó un aplauso entusiasta. Ellos no se quejaron en ningún momento, sino que la felicitaron por un trabajo bien hecho. Dan sabía que ella era la persona indicada para la tarea, y ahora lo sabían todos los demás. Hope había salido del banquillo de suplentes para entrar en el juego y tuvo un brillante desempeño. Dan reconocía que necesitaban más soluciones, además de la regla de Prohibido quejarse, pero, al menos, ahora tenía un plan y una perspectiva para exponer a su consejo de administración ese día. También sabía que la compañía tenía un plan sólido para iniciar el proceso de convertir la energía negativa en soluciones y cambios positivos. Gracias a Hope, ahora estaban en el camino hacia el éxito y, por consiguiente, le pidió que lo acompañara a la reunión con el consejo de administración.

27

Jugar para ganar

Hope regresó a su despacho, se sentó en su silla, hizo una profunda inspiración y exhaló el aire vigorosamente. Se sentía animada y exhausta al mismo tiempo. Animada por lo que había logrado, pero físicamente agotada por la misma razón, como solía sentirse después de un disputado partido de baloncesto en la escuela secundaria. Ella y sus compañeras de equipo estaban contentas de haber ganado, pero exhaustas por el esfuerzo que habían hecho. Su entrenador siempre les decía que dieran todo lo que tenían. «Mostrad todo lo que habéis aprendido», decía, y eso fue lo que ella había hecho hoy. Ésta era la primera victoria que tenía en mucho tiempo y había olvidado el placer que producía.

Hope no había jugado sin riesgo e, indudablemente, no logró que Jim se retractara. Había jugado para ganar y podía oír las palabras de su entrenador en su cabeza.

Jugar para ganar requiere un compromiso con uno mismo. Incluso si uno fracasa, nunca debe renunciar ni dejar que sus metas y sueños mueran. Aquellos que juegan para ganar saben que el éxito no es gratuito. Se persigue con toda la energía y sudor que podemos soportar. Los obstáculos y luchas son parte de la vida y sólo sirven para hacernos apreciar nuestro éxito. Si todo fuera fácil, no sabríamos qué es el verdadero éxito. Los obstáculos existen para ser superados. El temor para ser vencido. El éxito para ser logrado. Son todos parte del juego de la vida y las personas que triunfan son las que juegan para ganar y nunca renuncian hasta que el juego ha terminado.

Hope sonrió y pensó en Jim. Hoy sabía que ella había jugado para ganar. Sabía que había ganado, pero aún tenía que jugar muchos partidos más. El último juego —el juego de la vida— aún no había acabado.

28

Hope recibe la noticia

El teléfono sonó y Hope sabía exactamente quién llamaba. Con todo el entusiasmo y la preparación de la reunión, había olvidado por completo a Joyce y los resultados del análisis. Sin embargo, tan pronto como sonó el teléfono, de inmediato supo quién era. Lo supo por el sonido vibrante. Lo supo porque su corazón empezó a latir con violencia. Cerró la puerta de su oficina y atendió la llamada.

—Hola, Joyce —dijo nerviosa.

—Hola Hope. ¿Cómo está? —preguntó Joyce mientras Hope intentaba descubrir si la noticia era buena o mala a través del tono de voz de la mujer. Pero no pudo adivinarlo, y después de unos segundos de embarazoso silencio Joyce continuó.

—Tenemos los resultados.

—Sólo dígame la verdad. Puedo afrontarla —dijo Hope en voz alta, a medida que se agitaba y su corazón empezaba a latir con más rapidez.

—Lo consiguió —dijo Joyce mientras alzaba su voz y la animaba—. ¡Las noticias son todas buenas! Todo está bien. El análisis de sangre dio buenos resultados, lo mismo que el ultrasonido. Fueron tan buenos que incluso los vieron dos médicos para estar seguros de que no había ningún error. Por lo tanto, goza de buena salud.

Esto no era lo que Hope esperaba oír y las lágrimas empezaron a deslizarse por su rostro. Había tratado de ser fuerte y ahora podía permitirse ser débil. No pudo contener la emoción y empezó a llorar.

—Gracias. Gracias. Gracias —dijo por el teléfono, pero Joyce sabía que no se lo estaba agradeciendo a ella.

—Bueno, me siento muy feliz por usted —dijo la mujer—. Quiero que sepa que estaré pensando en usted y abrigo la esperanza de que nos veamos otra vez bajo diferentes circunstancias. Sé que ahora necesita estar sola. Adiós, cariño.

—Hasta pronto, y muchas gracias —dijo Hope, mientras colgaba el teléfono y se dejaba caer en su sillón.

Después de unos minutos, pudo sentir que su cuerpo se liberaba de un peso. Como si hubiera perdido muchos kilos de miedo, estrés y carga emocional. Se puso de pie, caminó hasta la ventana de su oficina y contempló el hermoso cielo azul con el sol radiante. En ese momento, una bandada de pájaros pasó volando y Hope se rió, sabiendo que éste era un signo de que los milagros ocurren cada día. Volvió a su ordenador e hizo clic en el icono de música, eligió su música favorita, aumentó el volumen al máximo y se puso a bailar en su despacho.

29

Seis meses más tarde

Uno de los aspectos más llamativos acerca de la regla de Prohibido quejarse fueron las ondas positivas que había creado. El efecto más directo fue la actitud positiva de los empleados, que ahora estaban más concentrados en las soluciones. Pero el efecto dominó fue probablemente aún más poderoso. Todos coincidieron en que la Regla había producido el tipo de energía y cultura positivas que atrae a los empleados más competentes que desean trabajar en un entorno positivo. También contribuyó a ahuyentar a las personas negativistas, pues ellas ya no encajaban en la compañía. Por otra parte, la empresa invirtió menos tiempo en descartar a los candidatos «inapropiados» porque éstos, simplemente, no deseaban ingresar en la organización. Dado que los gerentes mencionaban la Regla durante el proceso de selección, esto disuadía a la mayoría de las personas «inapropiadas». Con el tiempo, la compañía supo que este proceso crearía un ciclo perpetuo de energía positiva que conduciría al éxito sostenido a largo plazo. Desde luego la organización no podía medir los beneficios de esta onda positiva, pero podía estimar su crecimiento y el número de empleados satisfechos a través de las encuestas sobre compromiso.

Una encuesta reciente indicó que el porcentaje de personas que confiaban en los ejecutivos y gerentes de la compañía había aumentado más de un 30 por ciento respecto al año anterior. Y también creció sustancialmente el número de personas que se sentían estimuladas por el trabajo que hacían. Pero Hope no necesitaba las cifras para demostrar nada. Lo veía en su trabajo diario con los empleados. Muchos de ellos habían dejado de ser pasajeros del autobús para convertirse en los conductores.

El equipo responsable del desarrollo de la *web* de la empresa le dijo que habían creado una página, www.prohibidoquejarse.com, para compartir recursos y herramientas con otros interesados.

El equipo de marketing le presentó una evaluación llamada «¿Es usted un quejica?», con cinco preguntas que identificaban si un empleado era propenso a quejarse o no. Publicaron la evaluación en www.prohibidoquejarse.com, y el 70 por ciento de sus empleados completaron la encuesta. (La encuesta «¿Es usted un quejica?» se puede encontrar al final de este libro, en la página 139.)

Un grupo de ingenieros informáticos trabajó día y noche para crear un sistema que informatizó el proceso de quejas y soluciones. Ahora los empleados podían presentar sus quejas e ideas de solución, y todos sabían cuándo se había resuelto una queja y cuándo se había implementado una solución.

Y su solución favorita de todas las quejas fue aportada por tres participantes veinteañeros en el programa de desarrollo del liderazgo. Ellos dijeron que, «si la compañía propone una Semana sin quejas, entonces tenemos que dar a

Seis meses más tarde

las personas algunas ideas de lo que podrían hacer en lugar de quejarse». Consideraron que las tres Herramientas contra la queja eran útiles, pero sugerían que las personas podrían beneficiarse de prácticas específicas que les permitirían concentrarse en las conductas positivas, y evitar las actitudes negativas. «La mejor manera de erradicar los malos hábitos es reemplazarlos con buenos hábitos», dijeron. De modo que crearon una tarjeta con las cinco cosas que se debían hacer en lugar de quejarse. La tarjeta era semejante a ésta:

Cinco cosas que se deben hacer en lugar de quejarse

1. **Utilice el agradecimiento.** Las investigaciones muestran que, cuando expresamos nuestro agradecimiento tres veces por día, obtenemos un aumento considerable de la felicidad que nos eleva moralmente y nos da energía. Además, es fisiológicamente imposible estar estresado y agradecido a la vez. Estos dos pensamientos no pueden ocupar nuestra mente al mismo tiempo. Si usted está concentrado en la gratitud, no puede ser negativo. También puede dar energía y comprometer a sus compañeros de trabajo haciéndoles saber que usted está agradecido a ellos y reconoce su trabajo.
2. **Elogie a los demás.** En lugar de quejarse de los errores cometidos por los otros, empiece a concentrarse en lo que hacen correctamente. Elógielos y procure que consigan más éxitos como resultado.

Desde luego, señale sus errores para que puedan aprender y crecer, pero procure ofrecer tres veces más elogios que críticas.
3. **Concéntrese en el éxito.** Inicie un diario del éxito. Cada noche antes de acostarse, anote algo importante acerca de su jornada: un logro, una conversación fructífera o algo de lo que está orgulloso. Concéntrese en su éxito y estará preparado para crear más éxitos mañana.
4. **Ignore lo que no puede controlar.** Concéntrese en las cosas que es capaz de cambiar, y deje pasar las cosas que están fuera de su control. Cuando usted no intenta controlarlo todo, las cosas de algún modo se resuelven.
5. **Rece y medite.** Las investigaciones científicas muestran que estas prácticas diarias reducen el estrés, aumentan la energía positiva y favorecen la salud, la vitalidad y la longevidad. Cuando usted siente la urgencia de quejarse o está extremadamente estresado, deténgase, tranquilícese, conéctese con el poder superior y reponga las energías.

30

Todo está bien

Hope salió del edificio con una sensación de felicidad. Pasó por el puesto de Walter, el guardia de seguridad, le dedicó una gran sonrisa y le preguntó cómo estaba.

—¡Muy bien! —respondió el hombre con entusiasmo—. ¡Todo está bien!

—Estupendo —dijo ella, y pensó en Joyce y la llamada telefónica que había recibido el mes pasado con los resultados de su análisis. Todavía podía oír el eco de las palabras de Joyce en su cabeza: «¡Las noticias son todas buenas! Todo está bien. El análisis de sangre dio buenos resultados».

Meneó la cabeza mientras pensaba en el año más difícil de su vida. Si alguien le hubiera dicho hacía 10 meses que ahora sería una de las personas más respetadas en EZ Tech, que sus hijos adolescentes estarían prosperando —especialmente Lauren—, que ella se estaría entrenando para una maratón y que su futuro sería más brillante que nunca, habría soltado una carcajada. Y, sin embargo, Hope estaba allí, disfrutando de su trabajo y de su vida más que nunca. Ella y EZ Tech se habían recuperado y se encontraban en una situación inmejorable.

Mientras se dirigía a su coche, pensó en todas las desdichas que había experimentado y se le ocurrió que tanto las malas como las buenas experiencias eran beneficiosas. Era algo que sabía por la vida de sus amigos y familiares y por las biografías de sus héroes favoritos, y ahora lo veía en su propia vida. Comprendió que en la tragedia y la desdicha había encontrado su espíritu. De la lucha había surgido el coraje y la fe para seguir adelante. Y de sus propios retos, obtuvo la fuerza y la inspiración para salvarse y ayudar a salvar a la compañía. Al abandonarla, su esposo había destrozado su mundo, pero le había dado la oportunidad de descubrir la versión más auténtica y poderosa de sí misma y de convertirse en la mujer que estaba destinada a ser. En efecto, de los males pasados surgen los bienes presentes.

En el coche, recordó haber leído un artículo sobre una investigación que confirmaba esto. El artículo decía que la Organización Gallup había llevado a cabo una encuesta donde se preguntaba a las personas cuáles habían sido las peores experiencias que habían vivido. Luego los encuestadores preguntaron a las mismas personas cuáles habían sido las mejores experiencias. Y los resultados revelaron una correlación del 80 por ciento entre las peores y las mejores experiencias. El artículo también mencionaba un estudio británico de 400 personas que, supuestamente, habían tenido vidas fascinantes. Para el mundo exterior, estas personas lo tenían todo y no habían sufrido ningún infortunio. Sin embargo, los investigadores descubrieron que, en realidad, habían tenido malas experiencias, pero cuando la mala suerte las afectó ellas la convirtieron en buena suerte.

Hope sabía que no podía impedir que ocurrieran desgracias, pero decidió que en lo sucesivo convertiría sus quejas en soluciones y sus fracasos en éxitos; y enseñaría a sus empleados y familia a hacer lo mismo. Mientras aguardaba que el semáforo se pusiera en verde para doblar a la izquierda en dirección al hospital, sacó un bloc de notas de la guantera del coche y anotó algunas observaciones para compartir con su hija Lauren. Escribió:

1. Confía en un plan amplio.
2. Encuentra fuerza en la adversidad.
3. El fracaso de hoy conduce al éxito del mañana.
4. La peor experiencia en la vida a menudo es el catalizador de la mejor experiencia.
5. Positivo o negativo. La opción es tuya.

Cuando el semáforo se puso en verde, Hope se dirigió a la entrada del hospital. Aparcó su coche en su lugar habitual y entró alegremente en el edificio. Pasó por el área de recepción, y sonrió y saludó al personal y a los pacientes. Caminó hacia el despacho de Joyce y se detuvo para saludar, como había hecho todos los lunes por la tarde durante los últimos tres meses. Joyce le mostró a Hope la pila de tarjetas sobre las *Cinco cosas que se deben hacer en lugar de quejarse* y le dijo que iban a distribuirlas. Ambas se abrazaron y Hope siguió su camino hasta la sección de pacientes internos del hospital donde pasó una hora leyendo a los diferentes enfermos. No *tenía* que hacerlo, pero *deseaba* hacerlo. Creía que le habían dado una segunda oportunidad y quería ayudar a aquellos que no habían sido tan afortunados. Siempre había aborrecido los hospitales y ahora el hecho de ir allí cada semana después de trabajar le daba una perspectiva completamente nueva. Además, al dedicar voluntariamente su tiempo, ella les daba a las enfermeras de la sección, que Hope consideraba los ángeles sobre la tierra, un bien merecido descanso.

De camino a casa, pensó en sus hijos, en cómo se habían adaptado. Comprendió cuánto había influido en ellos a través de su actitud y sus enseñanzas. Y por un momento pensó en su propia muerte, como le sucede a todo el mundo en algunos momentos de su vida. Decidió que el regalo más importante que podía hacerles no sería la riqueza ni los bienes materiales, sino, más bien, el legado moral que podía dejarles. En sus corazones, en sus mentes y en sus actitudes hacia la vida. Lo mismo ocurriría en el trabajo. No podía controlar quién se quedaría y quién se iría de EZ Tech. Pero podría controlar de qué modo influiría en cada persona que trabajaba allí. Podía dejar una impronta en ellas, y en todo lo que hicieran y adonde fueran se llevarían consigo sus estrategias positivas. Nunca sería una líder mundial, ni una embajadora, ni una consejera delegada, pero sabía que si podía enseñar a las personas a convertir sus quejas y problemas en soluciones, entonces en cierta manera estaría poniendo su granito de arena para cambiar a su personal, a su compañía y, finalmente, al mundo.

Hope llegó a su hogar, abrió la puerta y para su gran sorpresa fue recibida con demostraciones de cariño por Lauren y Jack. Sus dos hijos la acompañaron hasta la cocina donde la cena esperaba en el horno. Una lágrima se deslizó por su mejilla cuando leyó la nota escrita sobre su plato. *Para la mejor mamá del mundo. Te queremos.*

Hope los estrechó y abrazó tan fuerte como pudo. Se sentó y, como hacía cinco años en el día de la Madre, sus hijos la agasajaron con una comida. Le dijeron que la disfrutara, y cuando la cena estuvo lista, se puso a ver la televisión porque *ellos* sirvieron los platos. Luego se sentaron a la mesa y comieron, al mismo tiempo que discutían las cosas que les habían sucedido en el trabajo y en la escuela. Mientras sus hijos compartían sus historias, Hope los miró del único modo que una madre puede ver a sus hijos. Quizá la comida no fuera tan buena. Pero eso no le importó en absoluto. Ella quería saborear el momento, no la comida. Y, además, no iba a quejarse.

31

La regla de Prohibido quejarse: Plan de acción

Utilice este plan para introducir, explicar e implementar la regla de Prohibido quejarse, y para ayudar a su equipo a convertir los problemas en soluciones positivas. Éste es un enfoque práctico y eficaz para las empresas, las organizaciones, las escuelas, las iglesias, los equipos deportivos e incluso las familias.

Paso 1: Explicar el coste del negativismo y las quejas

Reúnase personalmente o comuníquese por teléfono con los miembros de su equipo u organización y explique el coste del negativismo personal y organizacional. Use la investigación y las estadísticas (mencionadas en las páginas 46 y 47) e identifique claramente el problema y el efecto que tiene en la productividad, el rendimiento y el éxito.

Paso 2: Compartir y explicar la regla de Prohibido quejarse

No permita que el personal se queje sin fundamento a sus compañeros de trabajo y/o miembros del equipo. Si tienen un problema o una queja acerca de su tarea, su organización, sus clientes o cualquier otra cosa, debe alentarlos a compartir el problema con su gerente o con alguien que esté en una posición apropiada para abordar la queja. Sin embargo, el empleado o miembro del equipo también debería sugerir una o dos posibles soluciones a la queja y compartirlas.

Ejercicio:
- Discuta las razones fundamentales que hay detrás de la regla de Prohibido quejarse.
- Pida al personal que identifique y explique los beneficios que podría generar esta Regla.

Paso 3: Las quejas justificadas y las quejas sin fundamento

Discuta la diferencia entre las quejas sin fundamento y las quejas justificadas (explicadas en las páginas 67 y 68, las tres Herramientas para no quejarse). Explique que la queja sin fundamento se concentra en los problemas, mientras que la queja justificada aborda las soluciones.

La regla de Prohibido quejarse: Plan de acción

Ejercicio:
- Explique los beneficios para una organización o equipo de concentrarse en la solución, en lugar de en el problema.
- Pida que cada persona trace una línea en la mitad de una hoja de papel. En el lado izquierdo anotará los ejemplos de quejas justificadas y en el lado derecho escribirá las quejas sin fundamento.
- Discuta las diferencias entre los dos tipos de quejas.

Paso 4: Identificar y compartir el proceso de queja/solución

Es muy importante que cada persona en su compañía comprenda de qué modo su organización o equipo considerará y abordará las quejas, y cómo convertirá los problemas en soluciones. Hay muchas posibles opciones. Usted sólo debe decidir cuál es la más apropiada para su tipo de organización. A continuación, se ofrecen algunas ideas que usted puede considerar. Puede usar una de ellas o una combinación de todas estas ideas, de acuerdo con el tamaño de su organización, la cultura, el tipo de compañía y otros factores.

- **Informe directo.** Muchas organizaciones les piden a sus empleados que presenten sus quejas y soluciones a su gerente o jefe inmediato, y trabajan juntos para resolver el problema.
- **Zar de las quejas.** Las organizaciones o divisiones más pequeñas pueden elegir a una persona para que mane-

je las quejas y soluciones. Esta persona trabajará con los gerentes y/o miembros del equipo a fin de implementar sus ideas.
- **Equipo ejecutivo.** Las quejas que se relacionan con los problemas organizacionales serán presentadas al equipo ejecutivo donde se considerarán los problemas y se implementarán soluciones cada trimestre.
- **Exterminador de quejas.** Las organizaciones pueden usar la tecnología y un sitio intranet donde los empleados presentarán sus quejas y soluciones.
- **La caja de soluciones e innovaciones.** Las organizaciones o divisiones más pequeñas pueden decidir que su personal escriba sus quejas y soluciones en una hoja de papel que depositará en una «caja de soluciones» o en una «caja de ideas».

Paso 5: Escuchar, oír y actuar

Para que el proceso de erradicación de las quejas surta efecto, su personal necesita saber que sus quejas y soluciones serán oídas y consideradas. Las soluciones propuestas no necesariamente serán aplicadas, pero los empleados deben saber que sus ideas son tenidas en cuenta. Es esencial que su organización aborde las quejas y considere las soluciones, y que obre en consecuencia. Como se discutió en las páginas 87-93, los principios positivos son necesarios para que la regla de Prohibido quejarse tenga efecto.

La regla de Prohibido quejarse: Plan de acción

Paso 6: Celebrar los éxitos

A fin de reforzar la regla de Prohibido quejarse y generar una cultura centrada en la solución, usted necesitará celebrar y destacar los éxitos del personal que convierte sus quejas en soluciones e innovaciones que benefician a la organización. Reconozca su contribución y comparta sus historias de éxito con toda la organización. Elogie al personal y destaque el proceso, ya que esto producirá más historias de éxito. No espere hasta la reunión anual para hacerlo. Hágalo continuamente durante todo el año a través del correo electrónico, los sitios *web*, las reuniones y las llamadas telefónicas.

Paso 7: Seguimiento y aplicación de la regla de Prohibido quejarse

Aliente a los líderes y gerentes, y a todos en su organización para que hagan cumplir la regla de Prohibido quejarse. Procure que la cultura positiva sea una prioridad de todos en la organización. Aliéntelos a suprimir el negativismo cuando lo ven o lo oyen. Convierta la queja injustificada en un tabú cultural dentro de su organización. Infunda energía positiva en la cultura y hábitos de su personal.

Paso 8: Distribución de las Herramientas contra la queja

Incorpore la regla de Prohibido quejarse en su cultura y ayude a eliminar el hábito de quejarse a través de las Herramientas contra la queja. He aquí algunas ideas.

- Distribuya tarjetas con la regla de Prohibido quejarse impresa.
- Distribuya tarjetas con las tres Herramientas contra la queja (páginas 67-68) en un lado, y las cinco cosas que se deben hacer en lugar de quejarse, en el otro lado.
- Decore las paredes de su oficina, hogar o vestuario con carteles que digan «PROHIBIDO QUEJARSE» «SE BUSCAN SOLUCIONES» y «SEA POSITIVO». Estos pósteres se pueden encontrar en www.NoComplainingRule.com.
- Procure que cada persona en su equipo lea este libro.

Paso 9: Establezca una Semana sin quejas

Después de haber introducido la regla de Prohibido quejarse en su organización o equipo, usted necesitará ponerla en práctica a través del establecimiento de una Semana sin quejas. Ésta es una manera divertida, pero muy eficaz, de introducir la Regla en los hábitos de cada persona y en la cultura de la organización. Para implementar una Semana sin quejas, necesitará hacer lo siguiente:

- Introducir la regla de Prohibido quejarse.

La regla de Prohibido quejarse: Plan de acción

- Asegurarse de que todos en la organización tienen las Herramientas contra la queja, mencionadas en el Paso 8.
- Alentar al personal a controlar sus propios pensamientos durante la semana y a prestar atención al grado de negativismo que puedan tener.
- Crear un proceso de premio/castigo cuando las personas se quejan. Por ejemplo, en algunas organizaciones los empleados depositan un dólar en un bote cada vez que se quejan. Al final de la semana donan la suma recolectada a una obra benéfica.
- Proporcionar a cada persona un Plan de acción personal para la Semana sin quejas, como el que se muestra en las páginas 135-137.

Plan de acción personal para una Semana sin quejas

La meta de una Semana sin quejas es tomar conciencia de lo negativos que pueden llegar a ser los pensamientos y palabras. El objetivo es eliminar las quejas sin fundamento y las actitudes negativas, tanto como sea posible, y reemplazarlos con pensamientos y hábitos positivos.

Día 1: Controle sus pensamientos y palabras

Durante todo el día controle sus pensamientos y palabras. Le sorprenderán los pensamientos que surgen en su mente y salen de sus labios. La clave es llegar a ser más consciente de lo que usted piensa y dice.

Día 2: Haga una lista de agradecimientos

Cuando se despierte por la mañana, haga una lista de todas las cosas por las que está agradecido. Cuando sienta la necesidad de quejarse, concéntrese en esas cosas que agradece.

Día 3: Dé un paseo de gratitud

Después de levantarse todas las mañanas, dé un paseo de gratitud. Mientras camina, piense en todas las cosas por las que se siente agradecido. Trate de recordar este estado de gratitud y procure mantenerlo durante todo el día.

Día 4: Concéntrese en las cosas positivas

Hoy, concéntrese en todo lo que es positivo, no en lo negativo. Concéntrese en los aspectos agradables de su vida, en lugar de en los desagradables. Piense en aquello que los otros hacen bien, no en lo que hacen mal. Elogie, en lugar de criticar. Concéntrese en lo que *desea* lograr, no en lo que *tiene* que hacer.

Día 5: Inicie un diario de éxitos

Anote todas las interacciones y logros importantes que ha tenido hoy. Haga esto durante todo el día y antes de acostarse.

Día 6: Renuncie a las cosas que no puede resolver

Haga una lista de las cosas que le inducen a quejarse. Revise esta lista e identifique los elementos que están bajo su

Plan de acción personal para una Semana sin quejas

control y que puede modificar, y aquellas cosas que están fuera de su control. Escriba la palabra *renunciar* junto a los elementos de su lista que están más allá de su control.

Día 7: Respire hondo

Pase 10 minutos en silencio. Concéntrese en su respiración mientras reza o medita y transforma el estrés en energía positiva. En cualquier momento del día en el que usted se sienta estresado o necesite quejarse, deténgase durante 10 segundos y respire hondo. Cuente sus inhalaciones y sus bendiciones.

Evaluación: ¿Es usted un quejica?

A continuación, se muestran cinco declaraciones con las que usted puede estar de acuerdo o en desacuerdo. Lea cada declaración y luego seleccione en qué medida coincide o no con ella.

1. Generalmente comparto mis problemas con los otros.
   - 7. Totalmente de acuerdo.
   - 6. De acuerdo.
   - 5. Moderadamente de acuerdo.
   - 4. Ni de acuerdo ni en desacuerdo.
   - 3. Moderadamente en desacuerdo.
   - 2. En desacuerdo.
   - 1. Totalmente en desacuerdo.

2. Habitualmente expreso mis sentimientos negativos a los otros.
   - 7. Totalmente de acuerdo.
   - 6. De acuerdo.
   - 5. Moderadamente de acuerdo.
   - 4. Ni de acuerdo ni en desacuerdo.
   - 3. Moderadamente en desacuerdo.

2. En desacuerdo.
1. Totalmente en desacuerdo.

3. Me concentro más en las causas de los problemas que en sus soluciones.

    7. Totalmente de acuerdo.
    6. De acuerdo.
    5. Moderadamente de acuerdo.
    4. Ni de acuerdo ni en desacuerdo.
    3. Moderadamente en desacuerdo.
    2. En desacuerdo.
    1. Totalmente en desacuerdo.

4. Si mi vida se representara en una película, sería caracterizada como un drama, no como una historia de amor, una comedia o un relato inspirador.

    7. Totalmente de acuerdo.
    6. De acuerdo.
    5. Moderadamente de acuerdo.
    4. Ni de acuerdo ni en desacuerdo.
    3. Moderadamente en desacuerdo.
    2. En desacuerdo.
    1. Totalmente en desacuerdo.

5. Suelo quejarme mucho.

    7. Totalmente de acuerdo.
    6. De acuerdo.

Evaluación: ¿Es usted un quejica?

5. Moderadamente de acuerdo.
4. Ni de acuerdo ni en desacuerdo.
3. Moderadamente en desacuerdo.
2. En desacuerdo.
1. Totalmente en desacuerdo.

Ahora, para conocer los resultados, sume las cifras que corresponden a cada respuesta. Por ejemplo, si usted respondió «Totalmente de acuerdo» a las cinco preguntas, la suma total sería 7 + 7 + 7 + 7 + 7 = 35.

Entre 30 y 35 puntos: usted es un gran quejica. La queja ha llegado a ser un hábito para usted y es el momento de iniciar un plan de acción y un régimen de abstinencia.

Entre 24 y 29 puntos: usted es un quejica. Pasa demasiado tiempo en el Tren de las quejas, cuando debería estar en el Autobús de la energía.

Entre 18 y 23 puntos: usted está en medio del camino. Cambie de marcha, concéntrese en lo positivo y pase más tiempo en el camino positivo.

Entre 12 y 17 puntos: la queja no es un gran problema para usted. Siga siendo positivo.

Entre 6 y 11 puntos: usted casi nunca se queja. Siga desarrollando y compartiendo la energía positiva.

Visítenos en la web:

www.empresaactiva.com